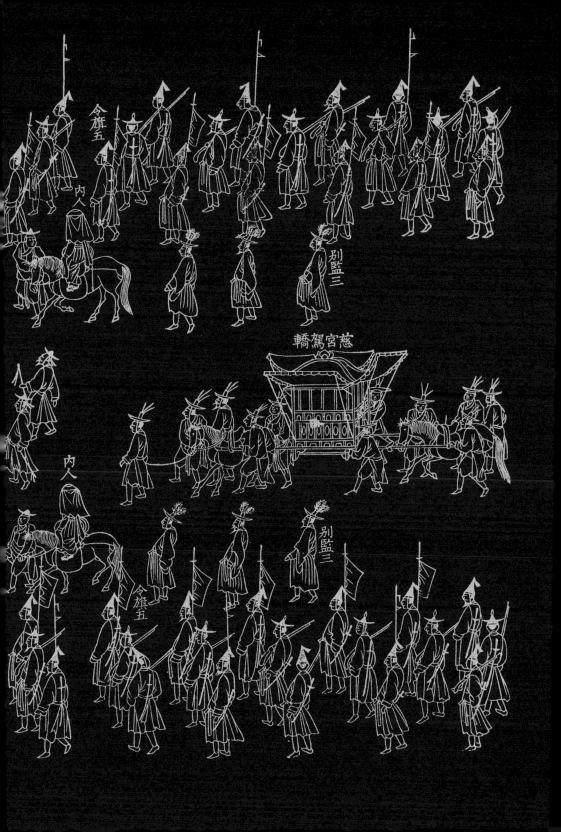

조선
국왕의
일생

규장각 교양총서
1

조선
국왕의
일생

규장각한국학연구원 엮음

글항아리

영조의 일생으로 돌아본 조선 국왕의 일생

1694년 숙종의 2남으로 태어나다

6세 때(1699) 연잉군에 봉해지다

1724년 왕위에 오르다

재위 17년(1741)에 왕과 승정원 승지들의 경연을 기념하다
52년간 경연을 무려 3458회나 열다
재위 23년경 자신의 글과 글씨를 어필첩으로 간행하여 남기다

선조들께 극진히 제사를 지내다

재위 35년(1759) 세손(정조)을 책봉하다

10세(1703)에 정성왕후를
첫 아내로 맞이하다

1721년 왕세제로 책봉되다

재위 19년(1743)
신하들과 활쏘기를 겨루다

재위 20년(1744)
51세가 되어
기로소에 입소하다

백성들의 안위를 살피려 행차하다

재위 35년 두번째 계비
(정순왕후)를 맞이하다

1760년
청계천을 준설하다

1776년
승하하다

___규장각 교양총서를 발간하며

규장각은 정조대왕(1776~1800)이 즉위한 해(1776)에 처음으로 만들어져 이후 조선이라는 나라에서 135년 동안 최고의 도서관이자 왕립학술기관으로서 그 역할을 해왔습니다. 한 나라의 기록문화와 지식의 보고寶庫였던 규장각은 그러나 1910년 폐지됐고, 학술기관으로서의 기능은 상실한 채 도서관으로서만 100여 년을 지탱해왔습니다. 늦은 감이 있지만 창설 230년이 되는 해인 2006년에 규장각은 한국문화연구소와 통합함으로써 학술 연구기관으로서 제 역할을 되찾아 규장각한국학연구원으로 다시 태어났습니다.

규장각은 조선왕조실록을 비롯해 국보로 지정된 고서적, 의궤처럼 세계기록문화 유산으로 유네스코에서 지정한 자료뿐 아니라 수많은 기록문화재를 보유한 조선 최대의 기록문화 아카이브입니다. 이곳에서는 방대한 사료를 토대로 그동안 한국학 전문가들이 모여 최고 수준의 학술활동과 연구활동에 매진해왔습니다. 최근에는 지역학으로서의 한계를 넘어서 한국학의 세계화, 그리고 전문 연구자만의 것이 아닌 시민과 함께하는 한국학으로 변신을 꾀하고 있습니다. 2008년부터 시작한 '규장각 금요시민강좌'는 시민과 함께하는 한국학을 위한 한 시도입니다. 이번에 펴내는 '규장각 교양총서' 시리즈는 시민강좌에서 펼쳐졌던 우리 역사의 흥미로운 내용을 더 많은 시민들과 공유하기 위해 기획된 것입니다.

규장각 서고에는 다양한 기록물이 있습니다. 왕실도서관으로서 실록이나 의궤 같은 국가 공식 기록물을 비롯해 양반, 여성, 중인층 전문가, 그 외 소수자들의 일상생활을 생생하게 보여주는 문집이나 고문서 자료 등으로 넘쳐납니다. 규장각에서 연구하는 이들은 이처럼 문헌 속에 나타난 조선시대의 다양한 계층의 사람들, 바로 그들이 살아냈던 삶과 일상생활을 생생하게 되살려내고 역사물로서 새롭게 조명하는 작업을 하고 있습니다. 금요시민강좌와 교양총서는 그러한 연구 성과물을 시민과 함께 공유하려는 것입니다. 첫번째 책은 '국왕의 일생'에 관한 것입니다. 이후에는 양반의 일생, 여성의 일생, 그리고 여러 부류의 마이너리티들의 삶과 일생을 다룰 것입니다.

이 책에 담긴 조선시대 사람들의 삶의 모습은 일차적으로 규장각이 보유한 기록문화에서 나온 것입니다. 그러나 강좌를 수강한 시민 여러분의 참신한 아이디어를 최대한 반영하려고 노력했습니다. 규장각의 기록, 한국학 연구자, 그리고 시민 여러분의 아이디어가 모여 '규장각 금요시민강좌'와 '규장각 교양총서'는 만들어집니다. 앞으로도 여러분의 관심과 질타 바랍니다.

규장각한국학연구원 원장 김영식

머리말
___ 지존이면서 최고의 문인이었던 조선의 국왕

왕이라 하면 무소불위의 권력을 행사하는 절대군주를 연상하기 쉽다. 왕은 국가의 소유자요 관리자다. 이 때문에 왕을 일러 모든 사람보다 존귀하다는 뜻에서 지존至尊이라 부른다. 순자는 제왕을 두고 천하의 지존으로 신하를 호령한다고 했다.

그러나 조선의 왕은 지존이면서 사대부적 교양을 함께 지녀야 했다. 맹자는 왕은 덕德으로써 인仁을 행하는 사람이라 정의했다. 왕과 상대되는 개념이 패霸이다. 패는 무력으로 나라를 다스리는 사람이므로 왕은 무武가 아닌 문文으로 나라를 다스린다. 성리학을 통치 이념으로 채택한 조선은 문치文治, 혹은 예치禮治를 지향한 국가였다. 이러한 점에서 조선의 왕은 문文을 아는 문인文人이었고 또 그렇게 되어야 했다. 조선의 왕 가운데는 말 위에서 스스로의 힘으로써 왕위에 오른 사람도 있고 강한 신하에 의하여 하루아침에 옥좌에 앉게 된 사람도 있지만, 대부분의 왕은 사대부적 교양을 지닌 문인의 한 사람이었다.

이 책은 문인의 가장 위에 군림하는 지존으로서 조선의 왕에 대해 다룬다. 사람들은 왕에 대해 잘 알고 있는 것처럼 생각한다. 대부분은 곤룡포를 입고 등장하는 사극을 통하여 왕에 대한 그럴듯한 그림을 그리고 있다. 이 책은 이러한 그림을 좀더 선명하게 그리고자 한다. 선명한 그림을 그리기 위하여 이 책은 출생에서부터 사망에 이르기까지 왕의 일생을 재구성했다. 왕도 사람이기에 그 일생 자체가 다를 바 없겠지만, 일생을 구성하는 하나하나에는 일반 사대부와는 다른 의식과 절차가 있다. 이 책은 왕의 일생을 따라가면서 사대부의 삶과 어떤 차이를 보이는지 설명하고자 한다.

왕은 왕비의 침소인 교태전交泰殿 혹은 대조전大造殿에서 합궁을 했다. '교태'는 하늘과 땅이 만난다는 뜻이요, '대조'는 큰 창조를 이른다. 하늘을 상징하는 왕과 땅을 상징하는 왕비가 만나 나라를 다스릴 큰 인물을 낳으라는 바람을 깃들인 것이다. 이렇게 하여 태어난 왕자는 대군大君이 되고 대군 중에 장자는 세자로 책봉이 된다. 물론 장자가 아닌 대군이 왕이 되기도 하고, 대군이 없으면 왕비가 아닌 후궁의 몸에서 난 군君도 왕이 된 사례가 제법 있기는 하다.

세자로 책봉된 왕자는 성군이 되기 위한 엄정한 교육을 받았다. 문치를 지향하기에 세자 교육은 학문과 문학이 중심을 이뤘지만, 더욱 중요한 내용은 덕성을 함양하는 일로 구성되었다. 왕은 덕으로 인을 행하는 사람이라는 맹자의 말을 실현한 것이기도 하다. 이와 함께 조선은 예치를 지향했거니와, 세자는 성장과정에서 수많은 의식을 치르면서 예학을 몸소 습득하게 돼 있었다. 또 글씨와 활쏘기 솜씨는 조선 왕의 유전적 특성이라 할 정도로 뛰어났거니와, 그렇게 되기 위한 지속적인 교육이 따르기도 했다.

세자는 일반 사대부처럼 15세 전후의 나이가 되면 혼인을 하게 된다. 왕비가 주관하여 비슷한 연령의 규수 중에 선발하여 혼례를 치르게 했다. 물론 왕비가 먼저 세상을 떠난 경우라면 임금의 자리에 있으면서도 치르기도 했다. 영조가 66세 때 15살 된 정순왕후와 혼인을 한 것이 그러한 사례다. 왕이나 세자가 신부를 고를 즈음이 되면 전국적으로 금혼령을 내리고, 집안과 용모, 행실 등을 고려하여 간택을 하게 된다. 성대한 혼인 의식은 가례도감의궤嘉禮都監儀軌라는 이름으로 정리된다. 의식이 끝난 뒤에는 반드시 문헌으로 정리하는 것이 조선의 기록문화다.

왕이나 세자의 여인으로 간택되어 왕비나 세자빈이 되었다 하더라도 그 생활이 화려함만으로 채워져 있지는 않다. 왕비는 아들을 낳아 보위를 이어야 한다는 스트레스 외에도, 정치 세력으로 존재하는 친정의 부침에 늘 마음을 조려야 했다. 조선초기 이래 궁중에 불교가 성했던 것은 궁중 여인의 불안을 종교적으로 해소하려 했기 때문인 면도 있다.

세자 중에는 왕위에 오르기 전에 안타깝게 요절한 경우가 많았으며, 더러는 행실이 문제되어 폐위되는 불행한 사태도 일어났다. 물론 그러한 특별한 사유가 없으면 왕이 된다. 왕이 되기 전에 짧은 시간 대리청정을 한 예도 있었지만, 대부분은 선왕이 세상을 떠나면 바로 왕위를 계승하여 국정을 수행했다.

소의간식宵衣旰食이라는 말이 있다. 임금이 국정을 수행하느라 새벽에 옷을 입고 일을 시작하여 한밤에 밥을 먹는다는 뜻이다. 이 말대로 왕은 국정 수행을 위해 바쁜 일상을 보내야 했다. 하늘과 인간을 매개하는 존재로서 수시로 사직과 산천 등에 제사를 올렸으며, 중요한 의식을 직접 관장했다. 나라 안에 일어나는 중요한 일을 신하들과 의논하여 결정했으며 큰 옥사에 대한 판결을 내리고 중국·일본과의 외교 문제를 처리했다. 왕이 처결해야 할 업무는 행정과 사법, 외교 등 가릴 것이 없었다. 그리고 대부분의 국정은 대궐 안에서 이뤄지기도 하지만, 조선후기에는 만백성의 어버이가 되기 위해 자주 대궐 바깥으로 거둥하여 민심을 안정시키는 일도 해야 했다. 특히 영조와 정조는 성대한 행차를 자주 하여 군왕의 위엄을 만백성에게 공표하면서 왕권을 강화하는 수단으로 활용한 바 있다.

　　왕은 연일 국가적인 중대사를 두고 신하들과 수시로 회의를 열었다. 정기적인 조회인 조참朝參, 매일 아침 신하와 간단하게 회의를 열었던 상참常參, 상참에 참여하지 않는 부서의 정례적인 보고를 받는 윤대輪對 등 그 종류도 다양했다. 이러한 바쁜 일상 가운데서도 빠뜨릴 수 없는 중요한 회의가 경연經筵이었다. 경연은 왕의 평생 교육 프로그램이면서 중대한 사안에 대한 의논도 함께 했다. 중요한 경전과 역사서를 신하들과 함께 강독한 후, 당면한 시국 문제에 대해서도 논했다. 경연 자체도 하루에 세 번이나 열릴 정도라, 각기 조강朝講, 주강畫講, 석강夕講이라 칭했다. 이처럼 바쁜 왕의 공식적인 일상은 거의 밤 9시가 지나서야 끝이 났다. 하지만 우리가 성군이라 일컫는 임금의 하루는 여기서 끝나지 않았다. 밤새워 책이나 문서를 읽고 국정에 대한 구상을 했다. 그 때문에 건강을 해쳐 역대의 성군들은 장수하지 못했다.

　　조선의 왕은 격무에 시달리면서도 일반 사대부에 비하여 부족하지 않은 학문 수준을 갖춰야 성군이 될 수 있었다. 실제 세종이나 정조 같은 성군은 신하를 압도하는 학문적 깊이가 있었다. 역대 임금들은 세자 때부터 뛰어난 학자인 신하를 스승으로 맞아 학문을 익혔다. 조선시대 왕의 학문은 한마디로 성학聖學이라 할 수 있다. 성리학을 통치 이념으로 삼은 조선이기에『대학연의大學衍義』나『성학집요聖學輯要』『대학유의大學類義』등 성리학적 이념을 담은 책을 제왕학의 교과서로 택했다. 이러한 교재는 국가의 통치보다 마음의 수양을 강조했다.

성인이 되기 위한 학문이라는 뜻의 성학은 오로지 성리性理의 설로 채워졌다. 여기에는 임금을 성리학의 테두리에 가두어 왕권을 제한하고자 한 의도가 있었기에, 일부의 성군은 신하들보다 더 높은 수준의 성학으로 무장하여 임금이면서 동시에 신하를 가르치는 군사君師가 되고자 했다.

조선시대에는 대궐의 전각들 이름 자체도 성학과 연결되어 있었다. 왕의 침전인 강녕전康寧殿, 정전인 근정전勤政殿, 편전인 사정전思政殿은『대학大學』에서 이른 '수신제가치국평천하修身齊家治國平天下'를 상징하는 공간이기도 하다. 강녕전에서 자나 깨나 마음을 안정시키고 수양에 힘을 쏟아야 하며, 이를 바탕으로 근정전에서 국정을 근실하게 수행하고, 사정전에서 휴식할 때조차 국정에 대한 생각을 잊지 말라고 한 것이다.

사대부의 정점에 있는 왕은 대부분의 사대부가 그러하듯 학문에 더하여 문학까지 겸비했다. 조선시대 문학은 단순히 개인적인 정감을 토로하는 것만이 아니었다. 국정을 수행함에 있어 문학이 필수적인 능력이었기에 과거시험에서 문학의 비중이 컸던 것이기도 하다. 특히 중국과의 원만한 외교를 위해서 뛰어난 문학적 능력을 갖춘 선비가 필요했고, 대내외에 문명국가임을 과시하기 위하여 찬란한 시문이 갖춰져 있어야 했다. 성리학을 제일의 사명으로 내건 사람에 의하여 음풍농월이 비판의 대상이 되기는 했지만, 문학은 국정 운용을 위한 실용적인 능력이었기에 왕은 시학을 진흥하기 위하여 솔선하여 시를 지었다.

왕이 신하들과 어울려 잔치를 베풀고 시를 짓는 일은 단순한 유흥을 목적으로 한 것만이 아니었다. 오히려 임금과 신하, 백성의 연대와 소통을 위한 고도의 통치술이었다. 왕과 문무백관이 화합을 목적으로 연 공식적인 연향인 회례연會禮宴, 효의 실천을 백성에까지 확충하기 위하여 관료뿐만 아니라 일반 백성까지 대상으로 한 양로연養老宴도 그러한 목적을 띠고 있다. 왕은 예禮를 통하여 상하의 위계를 엄정히 지키기면서도 음악을 통하여 다시 상하를 소통하기 위한 배려를 잊지 않았다.

대개 왕의 즉위는 장례와 맞닿아 있다. 세자가 즉위하여 가장 먼저 하게 되는 일은 선왕의 장례를 치르는 일이다. 국장도감國葬都監을 설치하여 5개월 동안 상을 치르고 길지를 가려 거대한 왕릉을 조성하여 안장을 했다. 그리고 신주를 종묘에 봉안했다. 4대가 지나면 다시 신주를 영녕전永寧殿으로 옮겨 봉안했다. 조선시대 가장 중요한 왕실의 의식이었기에 이러한 일은 엄중하면서도 성대하게 거행되었다. 그 과정 또한 상세하게 국장도감의궤國葬都監儀軌, 산릉도감의궤山陵都監儀軌, 종묘의궤宗廟儀軌 등으로 제작되어 매뉴얼로 활용되었다.

원래 규장각은 임금의 시문을 보관하기 위한 도서관에서 출발했기에, 규장각에는 조선시대 임금의 일생을 잘 보여주는 수많은 문헌을 소장하고 있다. 규장각이 자랑하는 왕실 관련 자료를 바탕으로, 2008년 상반기에 규장각한국학연구원에서 시민강좌를 열고 '조선 국왕의 일생'을 다루었다. 이 책은 바로 시민강좌의 원고를 수정하고 보완한 것임을 밝혀둔다.

2009년 8월
저자들을 대표하여 이종묵 씀

왕은 어떻게
교육을 받았을까

◉

태교부터 통략조불까지

김문식 · 단국대 사학과 교수

막강한 왕을 규제하는 두 가지 방법

조선의 국왕은 국가의 운명과 직결되는 존재였다. 오늘날 우리는 권력이 대통령에게 집중되는 대통령 중심제 국가에 살고 있지만, 조선의 국왕은 대통령보다 훨씬 막강한 권력을 행사할 수 있는 존재였다. 오늘날의 정부 기구는 입법 · 사법 · 행정 등 삼부로 나뉘고, 대통령은 그중에서도 행정부 수반으로 일한다. 반면 조선의 국왕은 삼부를 총괄하는 최상의 권력을 지니고 있었다. 또한 대통령의 임기는 5년 단임제에 불과하지만 국왕의 임기는 일단 왕위에 오르면 특별한 결함이 없는 한 평생토록 지속하는 종신직이었다.

국왕은 이처럼 막강한 존재였기에 만일 제대로 된 국왕이 나오지 않는다면 그 국가의 운명은 극도로 위험해질 수 있었다. 실록에서 장차 국왕이 될 왕세자를 언급하면서 "위로는 역대 선왕들의 왕업을 이어받고, 아래로는 신하와 백성들의 안위가 달려 있으며, 국가가 흥하고 망하는 것이 모두 왕세자에게 달려 있다"고 한 것도 바로 이 때문이다.

사정이 이렇게 되자 조선의 지식인들은 국왕을 규제하여 훌륭한 인물이 되게 하는 방법들을 고민했다. 규제는 크게 두 가지로 이뤄졌는데, 하나는 기록이었고 다른 하나는 교육이었다. 먼저 기록이란 국왕의 모든 말과 행동을 철저하게 기록해둠으로써 후대에 엄정한 평가를 받게 하는 것이었다. 오늘날에도 널리 알려진『조선왕조실록』이나『일성록日省錄』『승정원일기』같은 국가 기록을 보면, 국왕의 하루 일과와 생활을 원 모습대로 복원할 수 있을 만큼 다양하고도 세밀한 기록들이 남겨져 있다. 이는 비록 국왕이 부당하게 행사하는 권력을 당장에 막을 순 없다고 해도 상세한 기록을 통해 후대에 평가받게 하겠다는 의지였다. 특히 실록의 경우 후대의 국왕이 선왕의 실록을 볼 수 없게 함으로써, 기록자인 사관史官의 신변을 보호하고 국왕

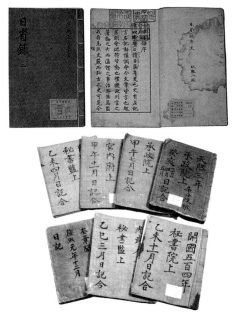

국왕이 사망한 후 생전의 행적을 평가한
『조선왕조실록』과『일성록』『승정원일기』

의 행적을 사후에 냉정하게 평가하도록 했다. 따라서 정상적인 국왕이라면 끊임없이 자신에 관한 기록을 의식하면서 조심하며 살아갈밖에 도리가 없었다.

나음으로 교육이란 국왕은 신하를 스승으로 삼아 평생토록 교육을 받아야 하고, 교육이 이뤄지는 자리에서는 현실 정치의 문제점까지 지적함으로써 국왕을 규제하는 방법을 말한다. 왕자로 태어나 왕세자로 책봉되고 왕위에 오르기까지 조선의 국왕이 될 인물은 보양청 교육, 강학청 교육, 서연書筵이란 교육과정을 거쳤고, 왕위에 오른 후에도 경연經筵이라는 교육이 계속되었다. 유학의 가르침에 따르면 모든 군주는 성인聖人이어야 하는데 현실적으로는 그렇지 못했으므로, 국왕은 학문이 뛰어난 신하를 스승으로 삼아 성인의 도를 익혀야 했던 것이다. 따라서 국왕이 경연을 조금이라도 소홀히 하면 이를 비판하는 상소가 빗발쳤고, 연산군처럼 아예 경연을 폐지한 국왕이 아니라면 신하들의 간절한 요청을 받아들여야만 했다.

그렇다면 조선의 왕실 교육은 어떤 특징을 지녔을까?

왕자를 잉태하다

국왕과 왕비가 침전에서 만나는 것을 합궁合宮이라 하는데, 두 개의 궁이 만나 합쳐졌다는 의미다. 왕비가 거처하는 침전寢殿의 지붕에는 용마루가 없는데, 용은 국왕을 상징하는 동물이므로 용(국왕)이 자신의 대를 이을 용(왕자)을 생산하는 신성한 장소를 다른 용(용마루)이 눌러서는 안 되기 때문이라는 이야기가 전해진다.

궁궐에서는 국왕과 왕비의 침전 건물이 분리되어 있었는데, 경복궁의

용마루가 보이지 않는 경복궁의 교태전(위)

강녕전康寧殿과 교태전交泰殿, 창덕궁의 희정전熙政殿과 대조전大造殿이 그것이다. 덕수궁에서는 함녕전咸寧殿이란 침전을 함께 사용했지만 침실을 달리함으로써 부부유별의 원칙을 지켰다. 따라서 국왕과 왕비가 합궁을 하려면 반드시 국왕이 왕비의 침전으로 이동해야 했다.

왕비의 침전 이름에는 깊은 뜻이 담겨 있다. 경복궁의 교태전은 주역의 태괘泰卦에서 나온 것으로, 태괘는 〈그림 1〉에서 보듯 곤괘坤卦 아래에 건괘乾卦가 겹쳐진 형상이었다. 이는 하늘의 양기는 아래에서 위로 상승하고 땅의 음기는 위에서 아래로 내려오는 것으로, 교태 즉 하늘과 땅이 교차하면서 장차 국왕이 될 적장자가 태어나기를 기원하는 의미가 있었다. 또한 창덕궁의 대조전도 대조大造, 즉 '큰 인물을 만든다'는 뜻으로 장차 국왕이 될 인물이 태어나기를 기대하는 이름이었다.

地天泰

上六
六五
六四
九三
九二
初九

그림 1 주역의 태괘

국왕과 왕비의 합궁 날짜는 반드시 일관日官으로부터 길일吉日을 배정받아 이뤄졌다. 길일을 잡는 데에는 까다로운 조건이 따랐다. 우선 사巳자가 들어가는 뱀날이나 인寅자가 들어가는 호랑이날, 초하루, 그믐, 보름날은 피했다. 또한 비와 천둥이 치는 날, 안개가 짙거나 바람이 세게 부는 날, 일식 월식과 같은 기상 이변이 있거나 국왕의 심기가 좋지 않은 날도 제외시켰다. 이런저런 이유로 날짜를 미루다보면 국왕과 왕비가 만날 수 있는 길일은 한 달에 하루나 이틀 정도에 불과했다.

옥관의 말씀을 소리내어 읽다_태교

국왕과 왕비가 어렵게 만나 합궁을 하고 왕비가 임신한 것이 확인되면, 태아를 위해 태교가 시작되었다. 이이가 작성한 『성학집요聖學輯要』의 「교자敎子」(자식을 가르침)편을 보면 태교에 관한 구절이 있다.

> 옛날에는 부인이 아이를 임신하면
> 옆으로 누워 자지 않고
> 비스듬히 앉지 않으며
> 한쪽 발로 서지 않고
> 맛이 야릇한 음식을 먹지 않았다.

사특한 색깔을 보지 않고

음란한 소리를 듣지 않으며

밤이 되면 장님에게 시를 외우고 바른 일을 말하게 하였다.

이는 사대부의 부인을 주 대상으로 말한 것이지만, 태교를 중시하는 것은 왕실이든 민간이든 마찬가지였다. 말하자면 태교는 아이가 세상에 태어나기 전부터 받는 최초의 교육이었다. 또한 태교는 태아가 성장하는 환경을 중시하는 교육으로서, 산모인 왕비는 매일 아침 자리에서 일어나면 성현의 교훈이 새겨진 옥판을 보고 그 말씀을 소리 내어 읽었다. 이때 옥판을 사용하는 이유는 옥 자체의 성질이 몸에 이로운 데다 옥의 빛깔이 정서적으로 편안하게 해주기 때문이었다. 성현의 말씀을 소리 내어 외우는 것은 글 외우는 소리가 태아에게 좋은 영향을 준다고 믿었기 때문이다. 이외에도 산모는 색깔이 고운 홍수정이나 자수정으로 만든 반지, 팔찌, 목걸이를 만지고 바라봤으며, 조용하고 정결한 곳에 거처하면서 궁중 악사가 들려주는 태교 음악을 들었다. 태아가 성장함에 따라 산모의 음식도 조절했는데, 칼슘이 풍부하거나 태아의 두뇌 발달에 좋은 음식을 섭취했다. 출산일이 다가오면 산모는 아이에게 입힐 누비옷을 만들거나 자수를 놓았는데, 이는 산모가 정신을 집중할 수 있는 데다 장차 태어날 아기를 위해 정성을 기울이는 일이었기 때문이다.

왕비의 출산은 산실청이란 기관이 담당했다. 이는 출산하기 한 달 내지 석 달 전에 궁중에 설치되었다. 산실청이 들어서면 그때부터 출산할 때까지는 전국에서 형벌의 집행을 중지시켰다. 새로운 생명이 탄생하기를 기다리면서 다른 생명을 죽일 수는 없는 일이었기 때문이다. 오랜 기다림 끝에 왕자가 탄생하면, 국왕은 산모의 거처에 매달아놓았던 구리종을 쳐서 아기의

태조의 태외항아리(왼쪽)와 세종의 태내항아리, 국립고궁박물관 소장.

탄생을 알렸다. 뒤이어 종묘에 왕자의 탄생을 알리는 고유제告由祭를 올렸고, 관리들은 국왕에게 왕자의 탄생을 축하하는 의식을 거행했다. 국왕은 산모를 뒷바라지하느라 고생한 산모와 산실청의 관리들에게 말이나 쌀·베를 상품으로 내렸고, 중죄인을 제외한 전국의 죄수들을 석방했으며, 경과慶科라는 이름의 과거시험을 치렀다. 이것들은 모두 왕실의 기쁨을 백성들과 함께하겠다는 의미를 지닌 행사들이었다.

양순한 사람을 스승으로 가려뽑다

왕실 교육의 첫번째 특징은 환경을 중시한다는 것이었다. 앞서 살펴본 산모의 태교 역시 환경을 중시하는 교육이었지만, 왕자의 유모를 선발하는 데에도 각별한 주의를 기울였다. 유모는 매우 특별한 존재로서 아이가 어린 시절에 가장 가까이에서 영향을 주기 때문이다. 왕자의 유모는 민간인 중에서 후덕하고 건실한 성품을 지닌 사람을 뽑았는데, 만약 천인 출신이라면 '면천免賤'이라고 하여 양인으로 만들어주었다. 이후 키운 아이가 국왕이 되면 유모는 봉보부인으로 봉해졌는데, 이는 종1품에 해당하는 관직으로 육조의 판서보다 높은 직급의 자리였다. 어릴 때부터 바로 곁에서 지낸 국왕과 유모 사이는 각별할 수밖에 없었다. 국왕이 목욕할 때 수발드는 이가 유모였으며, 왕비가 난산難産을 하게 될 경우 왕은 자신의 유모를 파견함으로써 왕비에게 각별한 관심을 표하기도 했다.

1809년(순조9) 효명세자가 태어나자 이시수는 유모의 중요성에 대해 이렇게 말했다.

"옛말에 '유모는 반드시 너그럽고 인자하며, 따뜻하고 공손하며, 예의를 차리고 말을 적게 하는 이를 골라서 자식의 스승으로 삼는다'고 했습니다. 이는 덕을 이룬 군자의 일이므로 이런 여자를 구하기는 쉽지 않습니다만, 일에 따라 올바르게 가르침에 있어 최선을 다해야 한다는 뜻임을 알 수 있습니다. 유모는 반드시 외모가 단정하고 품성과 행실이 양순한 사람이어야 합니다. 지금부터 원자와 가까이 지내는 사람은 단정하고 양순한 사람을 신중히 가려 뽑아, 아이가 습관을 익혀서 점차 함양되게 하는 방도로 삼아야 한다는 것이 신의 구구한 소망입니다."

왕자 가까이에는 내관도 있었다. '환관'이라고도 불리는 이들은 비록 고위직은 아니지만 왕자의 음식 습관이나 생활 태도에 직접 영향을 미치는

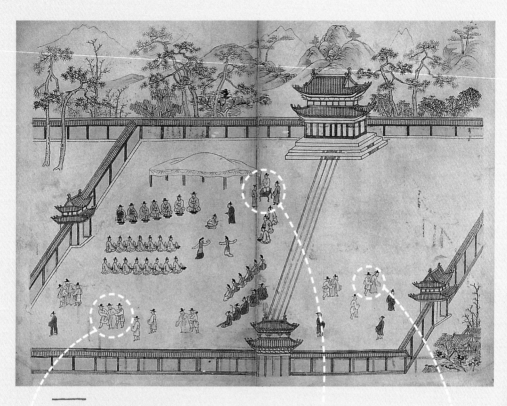

서연관사연도(1첩), 채색필사본, 41×26.5㎝, 1828, 규장각한국학연구원 소장.
1535년 인종의 세자 책봉을 맞이해 서연관 등 왕세자와 인연을 깊이 맺은 인물 39명을 초대해 잔치
를 베푼 것을 그림으로 기록했다. 장소는 경복궁이며, 무용이 공연되는 가운데 인종이 내린 술잔을
받는 신하는 무릎을 꿇고 있다. 술에 취한 관리들은 부축을 받으면서 궁문을 나서고 있으며 궁궐 주
변 산의 모습들도 운치 있다.

사람이었기에 선발에 각별한 관심을 두었다. 왕자의 어릴 적 습관은 내관의 언행으로부터 영향을 많이 받는다고 판단했던 것이다.

왕자의 스승이나 동료를 선발하는 데에도 주의를 기울였다. 왕자를 교육시키는 스승은 학문과 덕망을 겸비한 관리여야 했다. 스승이 학생에게 가르치는 것은 학문적 지식만이 아니라 몸가짐이나 말씨, 마음 씀씀이까지 포함된다고 여겼기 때문이다. 또한 어린 왕자가 혼자서 공부하는 것을 힘들어하면 또래 아이인 배동陪童을 붙여주었는데, 이는 종친이나 대신의 자제 가운데 총명한 아이를 선발했다. 배동은 왕자와 어울려 놀기도 하고 함께 공부하기도 했기에, 왕자에게 모범을 보일 만한 아이를 선발했음은 물론이다.

영조, 10년간 시탕을 하다

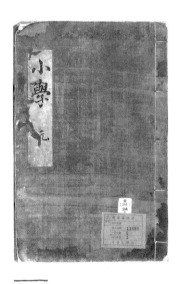

두번째 특징은 덕성을 중시하는 교육이었다. 앞서 보았듯이 왕자 주변에는 이미 좋은 성품을 가진 사람들만 배치돼 있었으므로, 왕자는 이들의 말과 행동을 따라 배우면서 덕성을 기를 수 있었다. 또한 왕자가 최초로 배우는 책은 『소학』으로, 그 내용은 초학자가 오륜五倫을 습득할 수 있게 기본적인 예절 교육으로 채워져 있었다.

그 내용을 살펴보면, 학생은 스승 앞에서 옷을 갖추고 자세를 똑바로 하도록 했으며, 아침에 일어나면 제일 먼저 부모님께 문안 인사를 올리고, 저녁이 되면 부모님의 잠자리를 보살펴드리

규장각한국학연구원 소장. 영조가 첫돌을 맞은 사도세자에게 하사했고, 사도세자는 이후 정조가 첫돌을 맞았을 때 이 『소학』을 다시 하사하였다.

왕세자책례계병도, 154.2×55.6cm, 견본채색, 서울역사박물관 소장. 정조 24년 왕세자 책립을 기념하기 위해 화원이 그린 기록화. 왕세자의 무병장수를 기원하고자 신선도 중 요지연도 瑤池宴圖의 장면을 묘사했다.

게 했다. 또한 부모님이 식사를 하실 때에는 시선視膳이라 하여 음식의 맛이 좋은지 국이 식지는 않았는지를 살피게 했고, 부모님이 병환을 앓으시면 시탕侍湯이라 하여 한약을 달이는 데 정성을 기울이고 약을 먼저 맛본 다음에 올리게 했다. 조선 왕실의 왕자라면 누구나 『소학』을 익혔고 이를 실천해 몸에 배게 했기에, 왕이 된 후에도 아침에 일어나 제일 먼저 왕실 어른들께 문안 인사를 드렸음은 물론이고, 어른의 잠자리를 보살펴드리는 것으로 하루 일과를 마감했다. 시선과 시탕 역시 행했는데, 영조의 경우 부친인 숙종과 형 경종의 질병을 연속해서 치료하느라 10년 넘게 시탕을 했다고 한다.

국왕의 덕성은 백성들의 삶과 직결되는 문제였다. 국왕은 국가를 경영하는 최고 책임자로서 자신을 비판하는 이야기까지도 경청할 만한 아량이

있어야 했고, 나이가 많은 신하들을 어른으로 공경하고 도탄에 빠진 백성들의 어려움을 보살필 줄 아는 따뜻한 마음이 필요했다. 어릴 때부터 궁중의 안락한 생활에 젖어온 국왕이 이런 아량과 마음씨를 갖추려면 무엇보다도 필요한 것이 덕성이었다.

바닥에 꿇어앉아 예제를 익히다

왕실 교육에서 예제를 빼놓을 수 없었다. 조선은 오늘날처럼 법치국가가 아니라 예치禮治를 중심으로 한 국가였는데, 이는 국가의 제도가 갖춰지면 '국가전례國家典禮'로 표현되는 각종 예제를 정비하고 그 시행을 통해서 일상적인 정치가 이뤄짐을 의미한다. 국가전례는 통상 오례五禮로 구성된다. 즉, 국가 제사를 의미하는 길례吉禮, 국장을 의미하는 흉례凶禮, 군대와 관련 있는 군례軍禮, 국가의 경사스런 행사를 의미하는 가례嘉禮, 외국 사신을 맞이하는 빈례賓禮가 그것이다. 국왕은 권력의 정점에서 중요한 국가전례를 모두 주관해야 했는데, 예제의 종류가 많은 데다 절차 또한 매우 까다로웠다.

조선의 왕세자는 장차 국왕이 되어 국가전례를 주관해야 했기에 사전에 다양한 예제를 익혀둬야만 했다. 따라서 왕세자는 국왕이 참석하는 국가전례가 있으면 수행하여 현장 학습을 실시했고, 중국의 사신이 오면 왕세자가 주인이 되어 손님을 접대하는 절차까지 있었다. 왕세자가 국가전례에 참석할 경우 세자시강원의 관리들도 옆에 배석했는데, 왕세자가 복잡한 의식 절차를 잘 익히고 원만하게 처신하도록 가르치기 위해서였다.

국왕이 주재하는 국가전례를 목격하는 것과는 별도로 왕세자가 직접 경험하는 통과의례도 있었다. 궁중에서 왕자가 성장하는 동안 많은 통과의례가 거행되었는데, 대표적인 것으로 어린 왕자가 스승을 처음 만나는 상견례相見禮, 강의를 시작할 때 거행하는 개강례開講禮, 오늘날의 성인식에 해당하는 관례冠禮, 왕세자로 책봉되는 책봉례冊封禮, 성균관에 가서 사부에게 가르침을 청하고 교육을 받는 입학례入學禮, 세자빈을 맞아 결혼하는 가례嘉禮 등이 있었다. 통과의례는 다시 복잡한 의식 절차로 구성되는데, 가령 왕

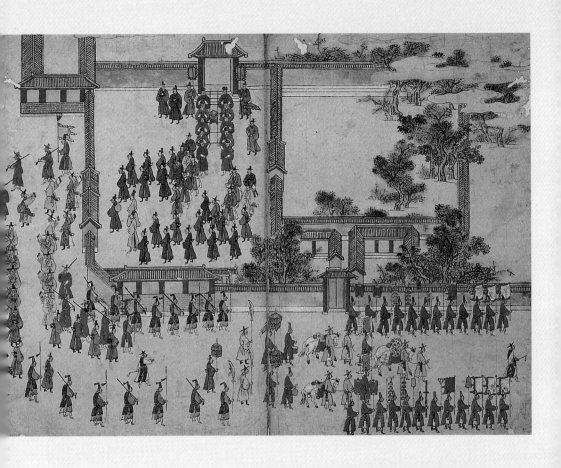

출궁도.
『왕세자입학도첩』(지본채색, 34.1×46.5cm, 고려대박물관 소장)에 실린 입학례 장면들.
조선 순조 17년(1817년) 3월 11일 행해진 순조의 맏아들 효명세자(익종)의 성균관 입학례를 기록으
로 남긴 것이다. 입학례의 여섯 절차에 따라 효명세자가 궁을 나오는 「출궁도出宮圖」, 네 성인의 신위에
술을 올리는 「작헌도酌獻圖」, 스승에게 가르침을 청하는 「왕복도往復圖」, 스승에게 예물을 바치는 「수폐
도受幣圖」, 교육을 받는 「입학도入學圖」, 마지막으로 입학식을 마친 왕세자가 궁궐로 돌아와 문무 관리
및 종친들의 축하 인사를 받는 「왕세자수하도王世子受賀圖」가 성대하게 일련의 흐름을 이루고 있다.

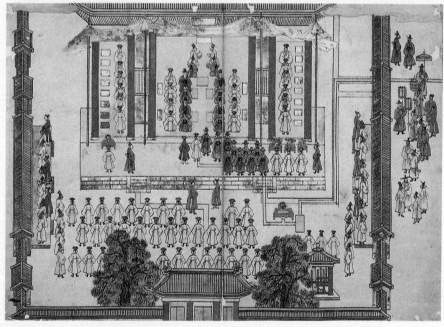

작헌도(위) 명륜당 문밖에서 스승에게 가르침을 청하다.
왕복도(아래) 성균관의 대성전에 들어가 네 성인의 신위에 술을 올리다.

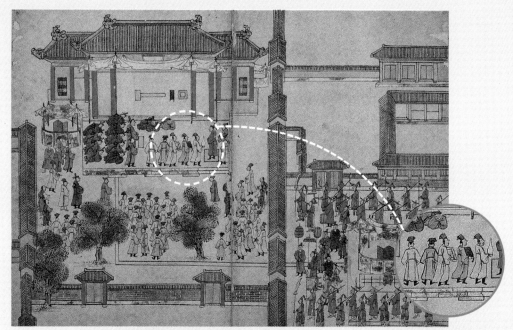

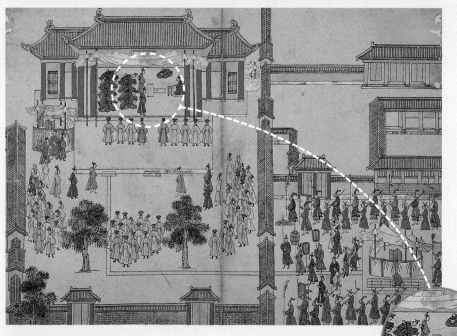

수폐도(위) 스승에게 예물을 바치다.
입학도(아래) 교육을 받다.

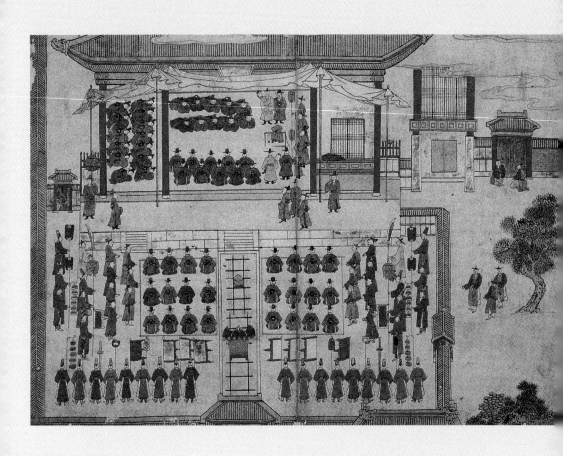

왕세자수하도. 왕세자가 입학례를 마치고 창덕궁 시민당時敏堂
에서 2품 이상의 문무관과 종친들의 하례를 받는 장면이 그려져
있다. 시민당은 중희당重熙堂, 저승전儲承殿, 낙선당樂善堂(낙선재)
등과 함께 조선시대 왕세자가 기거하던 창덕궁의 동궁東宮 중 하
나이다. 사진은 동궁 중의 하나인 낙선재의 창살 문양.

세자 입학례의 경우 여섯 가지 절차가 있었다.

- 출궁出宮: 왕세자가 궁궐(창덕궁)을 나와서 성균관으로 이동함
- 작헌爵獻: 왕세자가 성균관의 대성전에 들어가 공자와 네 성인(안자, 증자, 자사, 맹자)의 신위에 직접 술잔을 올림
- 왕복往復: 왕세자가 명륜당 문밖에 서서 스승(박사)에게 가르침을 세 번 청함
- 수폐受幣: 왕세자가 스승에게 예물을 바침
- 입학入學: 왕세자가 명륜당 안에서 스승에게 교육을 받음
- 수하受賀: 입학식을 마친 왕세자가 궁궐로 돌아와 문무 관리 및 종친들의 축하 인사를 받음

왕세자가 스승에게 가르침을 청할 때 올리는 예물은 '속수束脩'라 했다. 이는 제자가 예를 지키기 위해 스승에게 드리는 최소의 예물을 뜻한다. 1817년 3월 17일, 순조의 아들인 효명세자는 성균관에 가서 입학례를 거행했는데, 이때 스승에게 드린 예물은 술 2말과 마른안주, 모시 3필이었다. 오늘날의 학교에서는 학부모가 교사에게 드리는 촌지를 둘러싸고 잡음이 일곤 하는데, 속수례의 취지를 살리는 선물을 마련하면 어떨까?

성균관에서 입학례가 진행되는 동안 왕세자는 다른 유생들과 같은 학생복을 착용했고, 스승의 허락을 받고 나서야 명륜당 안으로 입장했으며, 스승보다 지위가 낮은 서쪽 계단에 서서 스승을 먼저 모신 후 뒤따라 들어갔다. 또 수업하면서 스승은 책을 책상 위에 놓고 봤지만, 왕세자는 바닥에 놓고 꿇어앉은 자세로 엎드려 있어야 했다. 이는 장차 왕위에 오를 왕세자라

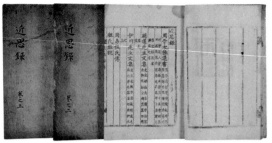

『근사록』『자치통감강목』 등 왕실 교육에 사용되었던 교재들.

하더라도 스승에 대한 예의를 깍듯이 지켜야 하며, 이런 수련을 통해 학문과 덕망을 갖춘 국왕으로 성장할 수 있다고 믿었기 때문이다.

통략조불通略粗不로 지식을 평가받다

오늘날 교육이라 하면 대부분 지식 위주의 교육을 말하지만, 왕실에서는 지식보다 덕성을 중시했다. 이는 덕성을 교육함으로써 몸과 마음을 단련한 후 지식 습득에 집중토록 하는 교수법인데, 주자가 독서하는 방법을 말하면서 "먼저 마음을 깨끗하게 쓸고 닦은 후에 책을 읽어라"라고 한 것도 같은 취지의 발언이라 하겠다.

왕실 교육의 내용은 경전과 역사 교육으로 구분할 수 있다. 사서(『논어』『맹자』『중용』『대학』) 삼경(『시경』『서경』『주역』)을 위주로 한 경전 교육은 다시 덕성을 함양하는 데 치중했으며, 중국과 한국의 역사서를 익히는 교육은 역사적 지식과 안목을 갖추도록 했다.

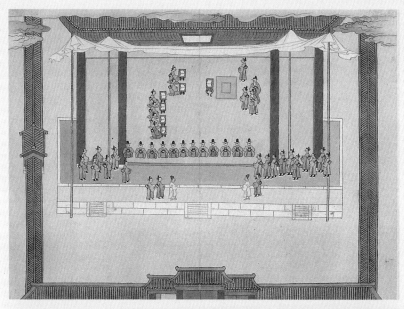

회강반차도(1첩, 위), 41.1×26.5cm, 조선후기, 규장각한국학연구원 소장.
매월 초하루와 보름, 사부 이하 세자시강원의 관원들이 모여 경사를 강론하는 회강 장면. 책이 놓여
있는 빈자리가 세자의 자리이며, 맞은편은 시강원 관원들의 모습이다.
서연에서 강론하는 방법을 적은 현판(아래), 나무, 40.5×84.1cm, 국립고궁박물관 소장.

왕실 교육에는 많은 교재가 사용되었다. 먼저 초학자를 위한『소학』 『효경』『동몽선습』『삼강행실』등이 교재로 채택됐는데, 이는 민간에서도 두루 읽혔다. 중국 역사서로는『자치통감강목資治通鑑綱目』『사략史略』『송감 宋鑑』이 있었으며, 이들을 익히면 중국 주나라에서 원나라까지의 역사를 전 반적으로 이해할 수 있었다. 한국의 역사서로는『조감祖鑑』『자성편自省編』 『국조보감國朝寶鑑』『갱장록羹墻錄』『모훈집요謨訓輯要』등을 배웠다. 이것들 은 조선 태조부터 정조까지 국왕들의 말씀과 행적을 기록한 것으로 매우 중 요한 교재로 다뤄졌다. 특히『조감』과『자성편』은 영조가 후대 국왕들의 교 육을 위해 직접 편찬한 책이었다.

조선은 성리학에 학문적 기반을 두고 건설된 국가였기에 성리학에 관 한 교재도 많았다. 중국 책으로는『심경心經』『근사록近思錄』『대학혹문大學 或問』『역학계몽易學啓蒙』『대학연의大學衍義』가 있었고, 조선 학자들이 편찬 한『고경중마방초古鏡重磨方抄』『성학집요聖學輯要』『주자서절요朱子書節要』 『주서백선朱書百選』도 교재로 이용되었다. 또한 문장 작성법을 익히는 교재 로 송나라 학자 육지陸贄가 국왕에게 올린 글을 편집한『육주약선陸奏約選』 이나 송나라 문장가 8인의 문장 100편을 뽑은『팔자백선八子百選』등이 활

시험관이 성적을 매길 때 사용한 강경패, 고려대박물관 소장.

용되었다. 조선 왕실에서는 국왕이나 왕세자를 교육하기 위한 교재를 많이 편찬했는데, 이는 왕의 교육에 그만큼 관심이 많았음을 의미한다.

왕실 교육에서는 오늘날의 중간고사나 기말고사에 해당하는 평가시험이 있었다. 매일 교육을 하는 법강法講 시간에는 바로 전날 배운 것을 확인하는 일종의 쪽지시험이 있었고, 매월 두 차례 있는 회강會講 시간에는 그동안 배운 내용을 종합 평가했다. 특히 회강 시간에는 왕세자를 가르치는 20명의 스승이 모두 참석했고 국왕이 참관하는 경우도 있어 아주 엄숙하고 진지한 자리가 되었다.

시험을 치르는 방법은 먼저 '고생告栍'을 하는데, 이는 수험생인 왕세자가 경전의 글귀를 써놓은 대나무 쪽을 담아놓은 원통에서 하나 뽑는 것을 말한다. 왕세자는 자신이 뽑은 대나무 쪽에 기록된 글귀에서 시작해 경전의 내용을 암송하고 뜻풀이를 했으며, 이를 지켜본 최고위 스승이 성적을 기록한 강경패講經牌를 들어 보이는 것으로 평가는 완료되었다. 강경패란 글자한 자씩을 새겨놓은 목패를 말하는데, 우수하다는 의미의 통通, 조금 부족하지만 통한다는 략略, 부족하다는 조粗, 낙제를 의미하는 불不이란 글자를 새긴 목패가 있었다.

조선의 국왕이라면 누구나 신하가 올리는 문서를 읽고 처리할 능력을 지니고 있어야 했다. 또한 국왕이 새 정책을 시행하려면 유학 경전을 널리 인용하면서 자신의 정치 이념을 정리해서 밝혀야 했고, 중국과 조선의 역사적 사례를 거론하면서 자신의 정책을 밀고 나갈 수 있는 학문적 기반을 갖추고 있어야 했다. 영조와 정조는 중국 고대의 이상적인 군주 상이었던 군사君師, 즉 학자 군주의 모습을 스스로 실현하려고 했는데, 그러자면 국왕이 당대의 학계를 주도할 정도의 학문적 능력을 갖추고 있어야 했다.

대사례의궤(예조 편, 1책), 46×33㎝
1743년(영조 19), 규장각한국학연구원 소장.

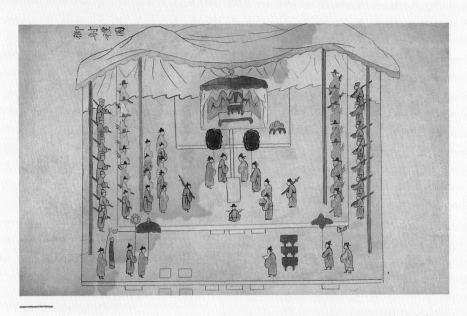

대사례의궤 중 〈어사도〉. 1743년 윤4월에 영조가 성균관에서 행한 대사례 의식을 기록한 의궤. 대사례는 국
왕과 신하가 한자리에 모여 활을 쏘고 그 맞힌 수에 따라 상벌을 행하는 의식이다. 『조선왕조실록』의 기록에
따르면, 1477년(성종 8)에 처음 대사례가 행해졌으며, 1543년, 1743년, 1764년에 각각 시행된 기록이 있다.
의궤 앞면에는 어사례도, 시사례도, 사시관상벌도 등의 그림이 그려져 있고, 뒤이어 참가자 명단, 시행 세칙 및
의례, 관련 경비, 궁시, 과녁 등 행사와 관련된 내용들이 자세히 기록돼 있다.

"활쏘기 솜씨는 집안 내림"

왕실 교육에는 체육과 예술을 가르치는 과정도 있었다. 먼저 체육 교육에 대해 보자면, 어린 시절에는 건강을 위한 체조를 가르쳤고, 점차 성장하면서 활쏘기와 말 타기를 익혔다. 활쏘기와 말 타기는 국왕이 갖춰야 하는 기본적인 기능에 속했는데, 왕실에서는 대사례大射禮나 연사례燕射禮라 하여 국왕과 신하들이 어울려 활쏘기 시합을 벌이는 예제가 있었고, 국왕이 장거리를 이동을 할 때에는 반드시 말을 타고 이동했기 때문이다.

국왕의 활쏘기 실력과 관련하여 정조에게 흥미로운 일화가 있다. 정조는 천부적이라 할 정도로 활을 잘 쏘았는데, 어떨 때에는 연속해서 만점이 나올 정도의 실력이었다. 1795년 정조는 화성행궁에서 모친인 혜경궁 홍씨의 회갑잔치를 열었는데, 행사를 마무리하면서 신하들과 어울려 활쏘기 시합을 벌였다. 그 결과 국왕의 성적이 최고를 기록했는데, 활쏘기를 전문적으로 연마하는 장수들보다도 월등하게 좋았다. 이에 대해 찬사가 줄을 잇자 정조는 '활쏘기 솜씨는 우리 집안의 내림이라' 라고 말했다. 놀라운 활쏘기 솜씨를 보였던 태조나 태종, 세조 등을 염두에 둔 발언이었다.

국왕은 예술 분야에서도 일정한 능력을 갖추어야 했다. 즉, 모든 국왕은 시인이어야만 했다. 국가에 경사가 있을 때 왕과 신하들이 어울려 시를 짓는 것이 관례였기 때문이다. 국왕뿐 아니라 사대부에게도 시를 짓는 일은 일상화되어 있었는데, 이들은 혼자 있을 때나 친구들과 어울릴 때나 늘 시를 지었다. 조선 사대부의 문집에서 시집이 큰 비중을 차지하는 것도 이 때문이다.

또한 국왕은 서예나 그림, 음악에도 일정한 수련을 쌓아야 했다. 국왕

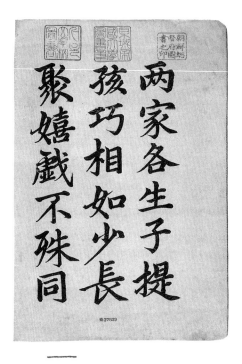

両家各生子提
孩巧相如少長
聚嬉戲不殊同

集37929

선조의 어필, 규장각한국학연구원 소장.

의 글씨를 어필御筆이라 하는데, 오늘날 전해지는 어필을 보면 선조·효종·숙종·영조의 글씨는 예술작품이라고 할 정도의 경지에 이르렀다. 조선의 국왕이 그린 그림 또한 상당수가 남아 있으며, 음악에는 특히 세종과 정조가 조예가 깊었는데, 정조는 음악 이론서인 『악통樂通』을 저술하기도 했다.

왕실 교육에서 체육과 예술 교육을 중시한 것은 문무文武를 겸비하고 학문과 예술을 일치시키는 것을 교육의 최종 목표로 삼았기 때문이다.

왕의 백성으로 사는 것을 기뻐하다

왕실 교육은 지식보다 덕성을 중시했으며, 학문과 예술을 일치시키는 데까지 나아갔다. 오늘날의 표현으로 하자면 기초 교육과 교양 교육을 튼튼하게 한 다음 전문 교육으로 나아가는 방식이었다. 또 말로 하는 언교言教보다는 스승이 몸으로 실천해 보이는 신교身教를 강조했는데, 백 마디의 말보다 몸으로 보여주면서 그대로 따라하게 하는 것이 훨씬 효과적이라는 말이다.

왕실 교육을 거쳐 훌륭한 국왕이 길러지면 그 결과는 훌륭한 정치로 나타났다. 『세종실록』을 읽으면서 눈에 띄는 구절이 있었는데, "세종이 다스린 30년 동안 백성들은 그의 백성으로 사는 것을 기뻐했다"는 구절이다. 국왕의 정치가 얼마나 훌륭했으면 그의 백성이라는 사실을 기뻐할 정도였을까? 아직까지 그런 지도자를 만난 적이 없는 필자로서는 세종대의 정치를 직접 확인할 수 없는 것이 못내 아쉽다.

왕의 반쪽,
왕비의 탄생

◉

조선시대 왕실 혼례 엿보기

신병주 · 건국대 사학과 교수

왕비를 주목하는 까닭은?

유명 정치인들의 부인은 항상 관심의 대상이다. 대통령은 물론이고 국회의원의 부인들이 어떻게 남편을 도와 선거 유세를 하고 내조를 하는지는 많은 사람의 시선을 끈다. 부인들은 이런 뒷바라지뿐 아니라 정치인인 남편 곁에서 얼굴을 내보이며 함께 행동하기도 한다. 실제 이들의 활동이 대통령 선거에 일부 영향을 주기도 한다.

조선시대로 거슬러 올라가보면, 지금보다 더 '가족'적인 면을 중요시했던 그 시대에 왕의 부인이자 한 나라의 '국모國母'로서 왕비의 모습은 더욱더 사람들의 관심 어린 시선을 받았을 것이다. 또 그 역할과 비중 역시 적지 않았을 것이라고 예상할 수 있다. 그럼에도 우리는 궁궐의 암투와 질시에 초점을 맞춘 왕비의 모습만을 봐왔다. 최근 TV 사극이나 역사소설에 왕비들의 모습이 등장하곤 하지만, 대부분 그 존재가 한 나라의 국모라는 이미지보다는 극의 감칠맛을 더해주는 양념 역할에 그치고 있다.

조선의 왕비 하면 머릿속에 누가 가장 먼저 떠오를까? 숙종의 계비로서 장희빈과 라이벌 관계였던 인현왕후, 일본 낭인의 손에 잔인하게 시해된 명성왕후, 중종의 계비로서 아들 명종을 치마폭으로 둘러쌌다는 문정왕후 등이리라. 대개는 사극의 여주인공으로 나왔던 왕비들이다. 거기서 역사에 좀더 관심이 있는 이라면, 태조의 계비로서 태종(이방원)과는 라이벌이었던 신덕왕후, 태종 못지않았던 여걸 원경왕후, 연산군에게 탄압받은 인수대비를 떠올릴지도 모르겠다.

사극에 등장하는 왕비의 모습은 우선 화려해 보인다. 왕실의 품위를 대표적으로 보여주는 복식이나, 갖가지 장식품이 달린 가체加髢로 단장한 머리에서 왕비는 일반인이 감히 범접할 수 없는 인물로 느껴진다. 상상력이 과한 사람은 과연 왕비는 목욕은 하고 화장실에는 갔을까, 라는 의문을 가질 정도로 세상과는 동떨어진 별세계의 인물이라고 생각하기도 한다. 과연 그랬을까? 많은 사람이 왕비에게 신비감을 품는 가장 큰 이유는 그에 대한 정보가 거의 없기 때문이다. 그동안 이 여인들은 이미지로서만 다가왔지 실제 어떻게 살았는지에 대해서는 거의 알려지지 않았다.

왕과 함께 역사의 최고 정점에 머물렀지만 그녀들의 삶은 그다지 주목받지 못했다. 조선의 남성 중심 정치, 가부장적 사회에 가려져 왕비의 모습은 오늘날 우리에게 잘 알려지지 않고 있다. 왕비의 혼례식만 해도 그렇다. 조선 왕실 최고의 축제였음에도 불구하고 구체적인 모습은 잘 드러나지 않고 있다. 이 글에서는 혼례식의 전 과정을 기록한 『가례도감의궤』와 궁중 혼례의 생생한 경험을 반영한 『한중록』의 기록을 중심으로 조선시대 왕실의 혼례 이야기 속으로 들어가 본다.

간택받는 자는 누구인가?

어느 사회에서나 정치 세력을 확장하는 데 친인척들이 관여하는 것은 흔히 나타나는 현상이다. 왕실의 친인척들은 정치권력 확장을 위해 협력하기도 하고 갈등하기도 한다. 태조의 경우 태종 이방원의 어머니인 신의왕후 한씨와 신덕왕후 강씨, 방간·방원의 혼인으로 맺어진 인척들이 조선 건국에 참여했다. 정권의 기반이 미약했던 태조는 혼인을 통해 자신의 세력 기반을 구축하려 했다. 이렇게 혼인은 집안 대 집안의 만남으로 정략적으로 이용되는 경우가 많았다. 특히 왕실에서 왕비는 물론 세자빈이나 사위가 될 상대의 가문을 고르는 일은 정치적인 의도와 별도로 생각할 수가 없다.

왕실 가문의 혼사에 있어 왕과 함께 실제로 자녀의 혼사에 영향을 미쳤던 것이 바로 왕비다. 태조의 부인인 신덕왕후 강씨는 자녀들의 혼사에 적극 개입함으로써 건국 초기 왕실의 기반을 다져놓을 수 있었다. 개경에서 미약했던 이성계의 정치 기반을 확고히 하기 위해 개경 최고 명문거족인 이인임의 집안에서 큰딸의 사위를, 며느리는 고려 왕실 가문에서 맞이했다. 신덕왕후 강씨는 자신도 태조와 정략결혼을 했던 만큼, 혼인으로 인한 가문 결합의 중요성을 잘 알고 있었다.

왕은 대개 왕세자 시절인 15세 전후에 혼인을 했다. 왕세자빈의 나이 또한 왕세자와 비슷한 15세 전후였고, 경우에 따라서는 연상도 많았다. 영조의 정비인 정성왕후나 고종의 비 명성왕후는 연상녀였다. 그런데 정비 사망 이후 맞이한 계비의 경우 왕의 나이는 고려하지 않고 15세 전후의 신부를 간택했다. 이러한 관례 때문에 선조는 51세에 19세의 인목왕후를 맞아들였고, 영조는 66세에 15세 신부를 맞이하는 상황이 연출되기도 했다.

간택은 바로 이러한 정치적 요소를 충족시키는 하나의 절차였다.

왕실의 혼사에는 세 차례의 간택이 이뤄졌다. 국가에서는 왕실의 결혼에 앞서 금혼령을 내리고 결혼 적령기에 있는 팔도의 모든 처녀를 대상으로 '처녀단자'를 올리게 했다. 단자를 올릴 필요가 없는 규수는 종실의 딸, 이씨의 딸, 과부의 딸, 첩의 딸 등에 한정되었으나, 실제 처녀단자를 올리는 응모자는 25~30명에 불과했다. 왜냐하면 간택은 형식상의 절차였을 뿐 실제로는 규수가 내정된 경우가 대부분이었고, 간택에 참여하는 데 큰 부담이 따랐기 때문이다. 간택의 대상이 된 규수는 의복이나 가마를 갖추어야 하는 등 간택 준비 비용이 만만치 않았고, 행여 왕실의 부인으로 간택되더라도 정치적으로 상당한 부담이 따랐기 때문에 이를 기피하는 경향이 컸다.

그렇다면 간택을 받은 왕비의 심경은 어땠을까? 물론 혼례식의 공식적인 과정을 기록한 의궤는 간택 때의 정황이라든가 왕비의 심경을 언급한 장면은 나오지 않는다. 그런데 마침 혜경궁 홍씨가 저술한 『한중록』에는 자신이 사도세자의 비로 간택받을 당시의 여러 정황을 언급한 부분이 있다. 이 자료를 통해 왕비의 심경을 간접적으로나마 살펴보자.

"그해에 왕세자의 간택으로 단자單子 받는 명이 내렸는데 부친(홍봉한)이 말씀하시기를, '내 세록지신世祿之臣(나라로부터 대대로 녹봉을 받는 신하)이요, 딸이 재상의 손녀인데 어찌 감히 위를 속이리요' 하고 단자를 하셨으나, 그때 우리 집이 극빈하여 새로 의상을 해 입을 수 없었으므로 치맛감은 형의 혼수에 쓸 것으로 하고 옷 안은 낡은 천을 넣어 입히셨으며, 다른 차비는 선비께서 빚을 얻어 차리느라고 애쓰시던 일이 눈에 암암했다. 9월 28일 초간택이 되니 영조대왕께서 미천한 나의 재질을 칭찬하시며 각별히 어여삐 여기시고, 또 정성왕후(영조의 정비, 달성 서씨 서종제의 딸)께서 나를 착실하게 보시고, 선희궁宣禧宮(영조의 후궁 영빈 이씨, 사도세자의 생모)께서는 내가 간선하는 장소에 나아가기 전에 미리 보시고 화기가 얼굴에 가득하여 사랑하시오니 좌우에 궁인들이 다투어 앉았으므로 내 마음과 몸가짐이 매우 괴로웠다. 사물賜物(임금이 내리는 물건)을 내리시오니 선희궁과 화평옹주께서 내 행례하는 거동을 보시고 예모를 가르쳐주시거늘 그대로 하고 나와서 선비의 품에서 그 밤을 잤더니, 이튿날 아침 선친께서 안에 들어오셔서 선비께 '이 아이 수망首望에 들었으니 이 어쩐 일인고' 하시고 도리어 근심하시니 선비 말씀하시되 '한미한 선비의 자식이니 단자 들이지 말았으면 좋았을 걸' 하셨다. 부모들 근심하시는 말씀을 잠결에 듣고 깨어 마음이 동하여 자리 속에서 많이 울고 궁중에서 여러 분이 사랑하시던 일이 생각나 다시 놀라워 근심했더니 부모께서 도리어 나를 위로하시고 '아이가 무슨 일을 알리' 하시나, 내 초간택 이후로 매우 슬펐으니 장차 궁중에 들어와 억만 변고를 겪으려고 마음이 스스로 그러하던가. 한편으로 이상하고 한편으로 인사가 흐리지 아니한 듯하다."

이어 혜경궁 홍씨는 집안에 변화가 왔음을 다음과 같이 암시하고 있다. "간택 이후 갑자기 찾아오는 친척들이 많고 전에는 절연되었던 하인들도 오는 이가 많아졌으니 인정과 세태를 가히 볼지라." 권력층에 접근하는 세태는 예나 지금이나 차이가 없음을 알 수 있다. 아래의 자료는 재간택에 임했을 때의 정황을 표현한 것이다.

"10월 28일에 재간택에 임하니 내 마음이 자연 놀랍고 부모도 근심으로 나를 궁중에 들여보내시면서 요행 간택에서 떨어져 나오기를 바라셨으나, 내가 궁중에 들어가자 그때 이미 완전히 정하여 계시던 모양이어서 거처도 대접하는 법도 달라 당황하다가 어전에 올라가니, 영조대왕께서는 다른 처자들과는 달리 발안으로 들어오셔서 친히 어루만져 사랑하시고 '내 아름다운 며느리를 얻었다. 네 조부를 생각하노라. 네 아비를 보고 좋은 신하 얻은 줄을 기뻐했더니 네가 그의 딸이다' 하시며 기뻐하시고 또 정성왕후와 선희궁께서 사랑하시고 기뻐하시는 것이 분에 넘쳤고 여러 옹주도 나의 손을 잡고 귀여워했다. 즉시 내보내지 아니하고 경춘전景春殿이라 하는 집에 머무르매 예법에 맞는 몸가짐을 차리러 갔던지 오래 머무니, 점심을 보내시고 나인이 웃옷을 벗겨 척수를 하매 내 심사가 경황하여 눈물이 나는 것을 억지로 참고 가마에 들어 울고 나오니 궁중의 하인들이 부축하여주어 놀랍기 비할 데 없었다."

위의 내용 중 '내가 궁중에 들어가자 그때 이미 완전히 정하여 계시던 모양이어서 거처도 대접하는 법도 달라 당황하다가' 라는 표현에서 간택 당시 홍씨는 자신이 이미 선택되었음을 암시하고 있다.

그러나 왕실에서는 왕비를 간택할 때 세 차례의 심사과정을 거침으로써 최대한 공정성을 기한다는 점을 강조했다. 그리고 왕비를 뽑는 중요한 행사를 전국적으로 알려 축제 분위기를 조성하고 널리 왕비감을 물색하려는 국가의 의지를 과시하려 했다. 왕비 간택 시에는 먼저 상궁으로 하여금 왕비로 예정된 처녀의 집으로 가서 뜻을 정하고 당사자를 살폈다. 그러나 실제 왕비는 내정되는 것이 일반적이었기에, 왕비의 초간택, 재간택, 삼간택은 짧은 기간 안에 이루어졌다. 명성왕후의 경우처럼 초간택 후 재간택과

삼간택을 생략하는 경우도 있었다.

영조의 경우에도 초간택이 6월 2일, 삼간택이 6월 9일로 불과 일주일 만에 왕비를 뽑는 과정을 거쳤다. 『영조정순왕후 가례도감의궤』의 6월 2일 기록에는 초간택에 뽑힌 6명의 신부들은 유학幼學 김한구, 현감 김노, 유학 어석주, 유학 윤득행, 전주서前注書 김재록, 생원 유간의 딸임이 나타나 있다. 이들은 2차 심사인 재간택에 들어가 김한구, 김노, 윤득행의 딸이 선발되어 최종 삼간택에 들어갔다.

왕실에서 결혼이 있게 되면 국가에서는 금혼령을 발표했다. 금혼령이 민간의 혼인에도 큰 영향을 끼쳤음은 『태종실록』에도 보인다. 태종 8년 4월 16일 기록에는 '진헌색進獻色을 설치하여 동녀童女를 모집하고, 중외의 혼인을 금했다. 경차관敬差官을 각 도에 나누어 보내어 처녀를 선택하게 했는데, 공사公私 천례賤隸를 제외하고 양가良家의 13세 이상 25세 이하의 처녀를 먼저 뽑았다. 이후에 국왕이 교지를 내려 노비가 없는 양반과 서인庶人의 딸은 일체 쇄출刷出하지 말게 했다. 조금 뒤에 또 경차내관敬差內官을 각 도에 보내 간택하니, 중외가 흉흉하게 소동하여 몰래 서로 혼인하는 자가 매우 많았다'라고 나와 있다. 왕의 간택을 받은 신부는 어떤 경우에라도 혼인을 할 수 없다가 간택에서 탈락하면 바로 혼인할 수 있었지만, 최후에 탈락한 처녀는 종신토록 타가에 출입하는 것이 허락되지 않았다. 이들 중에는 국왕의 후궁으로 들어가는 경우도 있었다.

간택이 국혼의 주요한 과정이었음에도 불구하고 정식 혼인 절차를 기록한 『국조오례의』 등에는 나타나 있지 않은데, 어떤 이유에서일까? 이는 간택의 풍속이 중매혼을 중요하게 인식한 성리학적 사고와 배치되었기 때문이다. 이런 점 때문에 율곡 같은 대학자도 간택이 남자가 먼저 행동하게 된다는 이유로 반대 의견을 내세웠다.

> "(간택은) 예의의 나라에서는 불가한 제도이다. 남자가 여자보다 먼저 행동하는 것이 예이다. 주나라 문왕과 같은 인물도 친히 태공녀를 맞이하여 왔는데, 어찌 일국의 처녀들로 하여금 먼저 대궐 안에 들어오게 해서 스스로 자랑하고 스스로 간택에 뽑히려고 도모하게 하는가? 이러한 일은 천하고금에 없었던 일이다. 그러므로 숙덕淑德 있고 자태가 아름다운 처녀를 널리 물은 후에 사리를 알고 견식이 있고 계급이 높은 궁인을 그 집에 보내 행실을 살피고 지혜를 시험해보아 해당자를 선택하는 것이 옳다. 자나 깨나 숙녀를 구하여 인생의 첫출발을 바르게 하고 큰 덕을 짝 지으려는 시초에 어찌 먼저 예가 아닌 일을 행하겠는가?"(『연려실기술』 별집 12권 정교전고)

간택에 참가한 처녀들은 같은 조건하에 후보를 고른다는 취지에서 모두 똑같은 복장을 입었다. 초간택 때 복장은 노랑 저고리에 삼회장을 달고 다홍치마를 입었다. 재간택, 삼간택으로 올라갈수록 옷에 치장하는 장식품은 조금씩 늘었다. 삼간택에서 최종적으로 뽑힌 처녀는 비빈妃嬪의 대례복을 갖추어 거의 왕비의 위용을 보였다. 그러나 삼간택에 임하는 어린 왕비의 가슴속은 부모와의 이별로 무척이나 애탔던 듯하다. 혜경궁 홍씨는 『한중록』에서 "삼간이 동짓날 열사흘이어서 남은 날이 점점 적으니 갑갑하고 슬퍼서 밤이면 선비 품에서 자고 두 고모와 둘째어머니께서 어루만지며 이별을 슬퍼해주셨고 부모께서 여러 날 잠을 못 주무셨으니 지금도 그 당시를 생각하면 가슴이 막힌다"고 하여 사가私家와 영원히 이별하게 되는 안타까운 심정을 드러냈다.

용모와 덕으로써 간택받다

간택에는 규수의 집안이나 처녀의 용모, 행실이 주요한 기준으로 작용했다. 오늘날처럼 용모나 언어가 간택의 기준이 되었던 사실이 실록에도 기록돼 있어 흥미롭다. 먼저 세종대에 세자빈을 간택하면서 국왕과 신하들이 주고받았던 대화를 살펴보자. 세종은 황희·맹사성·변계량 등과 함께 세자빈 간택을 논의하는 자리에서

> "'이제 동궁을 위하여 배필을 간택할 때이니 마땅히 처녀를 잘 뽑아야 하겠다. 세계世系와 부덕婦德은 본래부터 중요하나, 혹시 인물이 아름답지 않다면 또한 불가할 것이다. 나는 부모 된 마음에서 친히 간택하고자 하나 옛 예법에 없어서 실행할 수가 없으므로, 처녀들을 창덕궁에 모이게 하고 내관으로 하여금 시녀와 효령대군과 더불어 뽑게 하면 어떻겠는가' 하니, 신하들이 모두 '좋습니다' 했으나 허조만 유독 '불가하옵니다. 만약에 한곳에 모이게 하여 가려 뽑는다면 오로지 얼굴 모양만을 취하고 덕을 보고 뽑지 않게 될 것입니다' 했다. 임금이 말하기를 '잠깐 본 나머지 어찌 곧 그 덕을 알 수 있으리오. 이미 덕으로써 뽑을 수 없다면 또한 용모로써 뽑지 않을 수 있겠는가. 마땅히 처녀의 집을 찾아 돌아다니면서 좋다고 생각되는 자를 미리 뽑아서 다시 창덕궁에 모아놓고 뽑는 것이 좋겠다' 하니, 모두가 '좋습니다' 하였다."

위의 기록에서는 가문이나 부덕과 함께 용모가 왕비 후보의 중요한 기준이었음이 명확히 드러난다. 『영조실록』에도 '아조我朝에 와서 간택한 것이 어느 세대에서 시작되었는지는 알지 못하겠으나 비루하고 또 불경不敬하

삼간택에서 최종적으로 뽑힌 처녀는 이처럼 비빈의 대례복을 갖추어 왕비와 같은 위엄을 보였다. 국립고궁박물관 소장.

여 단지 용모의 예쁘고 누추함과 언어의 조용하고 우아함으로써 취한다' 고 한 기록(『영조실록』, 영조 35년 6월 4일)이 나타난다. 당시 용모와 언어가 간택의 주요한 기준이었던 세태를 풍자한 내용으로 볼 수 있다.

그런데 당시 왕실에서 선호한 왕비감은 오늘날 미인의 기준과는 상당한 차이가 있었다. 먼저 현재 사진으로 남겨진 조선후기 왕비들의 모습을 보자. 현대적 기준으로 봤을 때 그리 뛰어난 미인은 아니다. 오히려 조선후기의 화원 신윤복의 미인도에 그려진 얼굴이 실제 왕비들의 모습과 흡사한 점이 있다. 얼굴이 복스럽고 턱은 둥글고 크며 눈은 가늘고 눈썹이 가지런한 모습이다. 조선시대에 선호되었던 인물은 전반적으로 견실하고 반듯한

조선말기 남겨진 왕비들의 사진을 보면 왕비는 오늘날의 기준에서 미인이라기보다 전체적으로 견실하고 반듯한 이미지였다. 위 왼쪽부터 시계방향으로 순정효왕후 윤씨, 순헌귀비 엄씨, 영친왕비, 의친왕비.

모습을 갖추었다는 공통점이 발견된다. 미인에 대한 기준이 시대에 따라 달라졌음은 중국의 절세미인이라는 양귀비가 매우 통통한 모습으로 전혀 현대적인 미인이 아니라는 점에서도 확인된다. 여러 자료에서 확인되는 조선의 미인들은 전체적으로 견실하고 반듯한 모습이었다. 왕비 후보감 또한 팔등신의 날씬한 미인이라기보다는 이러한 요건을 갖춘 이가 후한 점수를 받았던 것으로 생각된다.

별궁에서 혹독한 왕비 수업을 받다

왕비로 최종 간택을 받은 왕비는 별궁으로 모셔졌다. 별궁은 왕비 수업을 미리 교육하고 국왕이 사가에 직접 가는 불편을 없애기 위해 만든 제도적 장치였다. 왕비가 될 규수가 왕실의 법도를 익히는 첫 장소가 바로 별궁이었다. 이 제도는 삼간택에서 뽑힌 예비 왕비를 이곳에 미리 모셔놓고 왕비가 된 후에 지켜야 할 궁중 법도를 익히게 하는 한편, 가례의식에 거행되는 순서와 행사를 준비하는 장소로 만들어졌다. 또한 이곳에서 왕비를 모셔오는 친영 의식을 치름으로써 왕실의 위엄과 권위를 살리고 사가에서 국왕을 맞이하는 데 따르는 부담을 줄일 수 있었다.

별궁은 대궐과 사가 중간 위치에 놓여 있다. 국혼을 앞두고 앞으로 육례의 절차를 치르기에는 사가의 규모가 대궐에 비해 크게 떨어진다. 또 혼인날 왕이나 왕세자가 와서 초례醮禮를 치러야 하는데 사가에 올 수는 없었기 때문이다. 왕비나 세자빈은 삼간택이 끝난 뒤 가례 날까지 머물면서 장래 국모로서의 교양과 수련을 쌓았다. 별궁은 일명 '부인궁夫人宮'이라고도 했는데 아직 책봉받지 않았으니 왕비나 빈궁嬪宮이라 할 수 없고, 그렇다고 처자라고도 할 수 없기에 별궁 체류 기간의 명칭은 공적으로 '부인'이라 칭했던 것이다.

삼간택을 통해 선발된 처녀는 집으로 돌아가지 않고 바로 별궁으로 들어가 왕비로서 갖추어야 할 덕목들을 교육받았다. 삼간택의 선발 자체는 왕비로서 대우를 받는 첫걸음이었다. 『한중록』에서도 "(재간택 이후) 그날부터 부모께서 나에게 말씀을 고쳐 존대를 하시고 일가 어르신네들도 공경하여 대하시므로 내 마음이 불안하고 슬픔은 형용할 수 없었다. 선친께서 근심 걱정을 하시며 훈계하는 말씀이 많으시니 내가 무슨 죄를 지은 것만 같아 몸 둘 바를 몰라 하면서도 부모 옆을 떠날 일이 서러워 어린 간장이 녹을 듯하며 만사에 아무 흥미도 없었다"라고 하여 집안에서의 달라진 위치와 어린 신부가 집 떠나며 아쉬워하는 마음이 피력돼 있다. 그나마 혜경궁 홍씨는 동갑내기 신랑에게 시집갔지만 66세의 노신랑에게 시집가는 정순왕후의 마음은 오죽했을까?

예비 신부가 왕비 수업을 받는 공간인 별궁은 조선후기에 이르러 몇 차례 장소가 바뀌었다. 현재 전하는 『가례도감의궤』에 나타난 별궁은 태평관, 어의궁, 운현궁의 세 곳이었다. 소현세자의 가례 때에 태평관이 별궁으로 사용된 것과 고종의 가례 시에 대원군의 잠저였던 운현궁이 별궁으로 사용된 것을 제외하면, 조선후기 대표적 별궁은 어의궁(현재 서울 종로구 연지동 가톨릭회관 부근)이었다.

별궁에서의 왕비 수업은 경력이 있는 상궁의 지도하에 엄격하게 이루어졌다. 별궁은 사가의 여인이 일국의 왕비로 비상하는 공간이었던 만큼 지위에 맞게 갖추어야 할 교양, 예절, 품위 등을 체계적으로 교육시켰다. 걸음걸이나 동작, 태도 등 궁중에서 잃지 말아야 할 예절이나 『소학』 등의 유교 교양서들을 단기간에 학습할 것도 요구되었다. 『한중록』에는 혜경궁 홍씨가 영조에게 친히 『소학』을 받아 공부했음을 보여주는 기록이 있다.

> "궐내에 들어와 경춘전에 쉬었다가 통명전에 올라가 삼전(영조, 인원왕후, 정성왕후)을 뵈었다. (…) 날이 저물었기 재촉하여 삼전께 사배하고 별궁으로 나오니, 대왕께서 가마를 타는 곳까지 친히 오셔서 내 손을 잡으시고 '잘 있다 오너라. 『소학』을 보낼 것이니 아비에게 배우고 잘 지내다가 들어와라' 하오시며 못내 귀여워하심을 받잡고 궁중에서 물러나오니 날이 저물어 불을 켰다."

궁중 예법은 그 절차가 특히나 까다로워 육체적으로도 큰 고통이 따랐다. 한 예로 혼례 시 대례복 차림을 한 왕비에게 장식되는 어여머리와 장신구는 무척이나 무거웠다고 한다. 그리고 조선말기 마지막 궁녀였던 사람들의 증언에 의하면, 순종의 왕비인 윤비가 별궁생활의 혹독함을 여러 번 이야기했다고 한다. 이러한 정황들을 고려한다면 별궁생활은 정신적·육체적 인내를 무척이나 요구했을 듯하다. 삼간택에 최종적으로 선발된 왕비는 그 기쁨을 채 만끽하기도 전에 혹독한 별궁생활을 통해 왕비의 길이 장밋빛 미래만 보장하는 화려한 길이 아니라 고통과 인내가 수반되는 험한 여정임을 미리 실감했을 것이다.

66세의 영조, 15세 정순왕후 혼례식의 이모저모

조선 왕실 혼례식 중에서도 가장 극적이었던 것은 66세의 영조가 15세 신부 정순왕후를 맞이한 1759년의 혼례다. 이때의 광경은 『영조정순왕후 가례도감의궤』의 기록과 50면에 걸친 반차도에 생생하게 묘사되어 있다.

의궤儀軌란 조선시대에 국가나 왕실에서 거행한 주요 행사를 글이나 그림으로 남긴 보고서 형식의 책을 말한다. 의궤라는 용어는 의식儀式과 궤범軌範을 합한 말로 '의식의 모범이 되는 책'이란 뜻을 지닌다. 전통시대엔 국가의 중요한 행사가 있으면 전왕 때의 사례를 참고하여 거행하는 것이 관례였다. 따라서 행사 관련 기록을 의궤로 정리해둠으로써 후대에 시행착오를 최소화하려 했다. 조선시대에는 국왕의 혼인을 비롯하여 세자의 책봉, 왕실의 잔치, 장례, 궁궐 건축 등 중요한 행사는 진행 시 기록을 해 모아두었다가 행사가 끝난 뒤 의궤 편찬을 담당할 임시 기구를 만들어 이를 편찬했다. 말하자면 국가적 행사를 추진할 전담 기구 설치, 행사 보고서 작성, 국왕에게 보고하는 과정을 거친 다음에야 비로소 행사가 마무리됐다.

조선시대 왕실 혼례식은 모두 '가례도감의궤嘉禮都監儀軌'라는 제목으로 정리되어 있다. 가례嘉禮는 원래 왕실의 큰 경사를 뜻하는 말로서, 왕실의 혼인이나 책봉 등의 의식 예법을 뜻한다. 가례의 총체적 개념을 표시하는 『주례』에도 '이가례친만민以嘉禮親萬民'이라 하여 가례가 만민이 참여하여 행할 수 있는 의식임을 나타내고 있다. 그만큼 상하 모두가 함께 행하는 의례라는 것이다. 그러나 조선후기에 기록된 『가례도감의궤』들이 모두 왕이나 왕세자의 결혼식을 정리한 기록임을 볼 때, 여기에 나타난 가례는 곧 왕실의 혼인의식, 그중에서도 왕이나 왕세자의 혼인의식을 뜻하는 용어로

볼 수 있다. 현재 전해지는 조선시
대 가례도감의궤를 살펴보면, 왕의
가례가 9건, 왕세자의 가례가 9건,
왕세손의 가례가 1건, 황태자의 가
례가 1건이다. 현재 소장된 가례도
감의궤를 볼 때 왕실의 혼인 중에서
도 왕이나 왕세자의 혼인만을 특별
히 가례라고 칭했다는 것과, 이러
한 혼인이 지니는 의미와 중요성을
널리 알리고 이를 기록으로 보존하
는 취지에서 『가례도감의궤』를 편
찬했음을 알 수 있다. 『조선왕조실

영조가례도감의궤 표지, 규장각한국학연구원 소장.

록』에 의하면, 조선전기부터 왕실의 혼인을 위하여 '가례도감'이 설치되고
이때의 상황을 기록한 『가례도감의궤』가 편찬됐음을 확인할 수 있으나, 전
기의 의궤 중 현재 전하는 것은 없다. 지금 남아 있는 가례도감의궤 가운데
최초의 것은 1627년(인조 5) 12월 27일 소현세자가 강석기의 딸 강빈姜嬪
과 혼인한 의식을 정리한 『소현세자가례도감의궤』이며, 순종과 순종비의
결혼식을 정리한 1906년의 『순종순종비가례도감의궤』가 가장 나중의 것이
다. 280년간 20건의 가례가 의궤로 정리되어 있는 셈이다.

의궤는 다양한 주제로 구성되어 있지만, 그중에서도 왕실의 결혼식을
기록한 『가례도감의궤』는 기록과 그림에서 축제의 분위기가 물씬 배어난
다. 따라서 기록된 내용들도 활기차고 신명 나는 모습이며, 결혼 행렬을 그
림으로 표현한 반차도를 반드시 부기하여 보다 생동감 있게 구성한 것이 특

『영조정순왕후가례도감의궤』에 수록된 행사에 참여했던 장인 명단(화원, 은장, 목수 등)과 반차도 가운데 기명 도설 부분(요강, 대야, 유요강, 저고리 등 행사에 사용된 각종 전통 물품들이 우리식 한자로 표기되어 있다.

징이다. 이러한 면면에서 『가례도감의궤』는 의궤 가운데 가장 화려함을 뽐낸다고 할 수 있다. 또한 각 국왕과 왕세자의 결혼식이 시기적으로 연속되게 기록돼 있어 의궤를 통해 조선시대 결혼 풍속의 흐름을 살펴볼 수 있으며, 각종 혼수품과 행사에 참여한 사람들의 변화 양상을 파악할 수 있다.

1759년 6월 창경궁에서는 큰 잔치가 열렸다. 35년이나 재위한 국왕 영조는 왕비 정성왕후가 사망한 후, 신하들의 성화에 못 이기는 척하며 어린 신부를 맞이하는 데 동의했다. 6월 22일은 신부가 왕비 수업을 받고 있는 별궁 어의궁에 행차하는 날이었다. 조정의 신하들은 현왕의 결혼식이라는 국가 최고의 행사 준비로 분주했고, 왕의 결혼식을 직접 볼 수 있는 영광을 얻게 된 백성들의 마음도 덩달아 두근거렸다.

영조는 1704년 달성 서씨인 진사 서종제의 딸과 첫 혼인식을 올렸다. 영조는 당시 숙종의 제4왕자인 연잉군의 위치에 있었으며, 연잉군과 혼인한 정성왕후는 달성군 부인에 봉해졌다. 당시 『숙종실록』에 "이 혼인은 사치가 법도를 넘어 비용이 만금萬金으로 헤아릴 정도였다"라고 표현해 혼인식이 대단히 호화로웠음을 짐작하게 한다. 영조가 정순왕후(1745~1805)와의 결혼식에서 사치를 철저히 방지하라고 강조한 것은 이때의 경험이 크게 영향을 미쳤던 것으로 여겨진다. 66세의 영조 신부 정순왕후의 결혼식은 『영조정순왕후 가례도감의궤』로 남아 그날의 행사를 생생하게 증언하고 있다

『영조정순왕후 가례도감의궤』의 구성

이 자료에는 신부 간택을 비롯해 왕실 혼인의 여섯 가지 예법인 육례六禮가 구체적으로 기록되어 있다. 간택은 후보 중에서 신붓감을 선택하는 것으로,

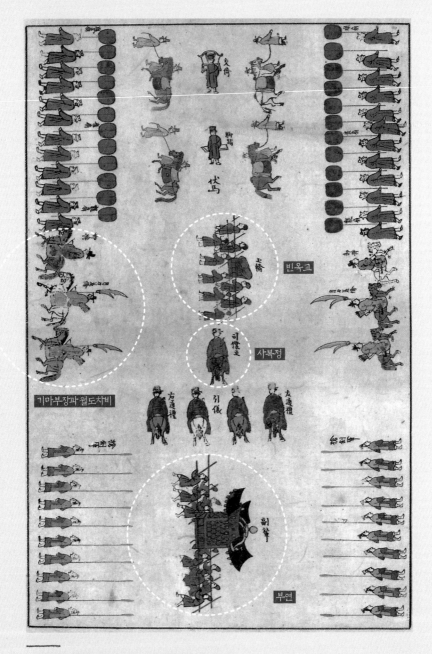

『영조정순왕후가례도감의궤』의 반차도 중 왕의 행차

빈 옥교 : 임금이 앉지 않는 자리를 꾸미지 않은 작은 가마.

기마부장과 월도차비月刀差備 : 기마부장과 초승달처럼 생겨 양 갈래로 갈라진 창을 든 월도차비가 3인 1조로 각각 양쪽에서 왕을 호위한다.

사복정司僕正 : 궁중의 가마나 막에 관한 일을 맡아보는 정3품 벼슬.

부연副輦 : 왕이 탄 수레[輦] 앞에 빈 가마를 하나 가도록 하는 관례를 보여줌.

길고 긴 행렬이 끝나고 드디어 임금이 탄 연이 등장한다. 사방을 열어젖혀 안이 들여다보이게 묘사
된 연 안에는 실제로 왕의 모습은 보이지 않는다. 왕의 연에 이어서 청산, 현무기, 의장기를 든 이들
이 따르고 후부고취 8인, 전악 1인이 있고, 후미에는 내시와 어의 등이 대열의 끝을 장식한다.

대개 3차에 걸쳐 진행됐다. 1차에서 6명, 2차에서 3명, 3차에서 1명을 각각 선발했다. 삼간택 날짜는 6월 9일이었다.

육례는 납채納采, 납징納徵(납폐라고도 함), 고기告期, 책비冊妃, 친영親迎, 동뇌同牢를 말한다. 납채는 간택한 왕비에게 혼인의 징표인 교명문을 보내고 왕비가 이를 받아들이는 의식으로 6월 13일에 행해졌다. 납징(6월 17일)은 혼인 성립의 징표로 폐물을 보내는 의식으로 요즈음 함을 들이는 것과 비슷하다. 6월 19일에는 혼인 날짜를 잡는 의식인 고기가 행해졌고, 6월 20일에는 왕비를 책봉하는 의식인 책비가 행해졌다.

행사의 절정은 국왕이 별궁에서 왕비 수업을 받고 있던 왕비를 친히 궁궐로 모셔오는 의식인 친영이다. 6월 22일에 행해진 친영 의식은 의궤의 말미에 반차도班次圖(행렬의 배치 상황을 그린 그림)로 정리하여 당시 혼례식 모습을 생생하게 보여준다. 마지막으로 친영 후 왕이 왕비를 대궐에 모셔와 함께 절하고 술을 주고받는 의식인 동뢰가 행해졌다. 동뢰의 '뢰牢' 도는 로의 뜻은 굳을 로, 애오라지 로, 우리 로, 옥 로의 용례로 사용되는 것에서 볼 수 있듯이 굳게, 한결같이 우리가 된다는 뜻을 함축하고 있다. 동뢰연은 서민의 혼례에서는 초례에 해당된다. 육례를 모두 치른 후에는 왕실 어른께 인사를 드리는 의식인 조현례朝見禮를 행하였다. 대개 동뢰연 다음 날 과반果盤 등을 차려놓고 대왕대비, 왕대비께 절을 올렸다.

의궤에는 육례에 맞추어 조달했던 각종 의복과 물품 내역을 비롯해 의장기, 가마 등을 준비한 장인들의 명단, 소요된 물자의 구체적인 내역을 필요한 경우 도설과 함께 첨부했다. 게다가 반차도를 그린 화원들의 이름까지도 기록했다. 의궤에 기록된 치밀한 내용들은 당시 결혼식의 상황을 완벽하게 복원할 수 있게 해준다.

반차도로 따라가보는 혼례식 행렬

의궤 중에서도『가례도감의궤』는 왕실 축제의 모습을 가장 압축적으로 표현하고 있다. 특히 행사 때 사람과 기물의 배치를 그린 반차도가 그 세세한 모습들을 담고 있다. 반차도는 행사의 주요 장면을 그림으로 표현한 것으로, 오늘날로 치면 결혼식 기념사진이나 비디오테이프, 디브이디 같다고 할 수 있다.

그런데 반차도는 행사 당일에 그린 것이 아니었다. 행사 전에 참여 인원과 물품을 미리 그려서 실제 행사 때 최대한 잘못을 줄이는 기능을 했다. 반차도는 오늘날 국가 행사나 군대가 작전 시 미리 실시하는 도상 연습의 성격을 띠었다. 『영조정순왕후가례도감의궤』에도 당시 친영일은 6월 22일이었지만 친영의 모습을 담은 반차도는 6월 14일에 이미 제작되어 국왕에게 바쳐진 것으로 기록되어 있다.

영조와 정순왕후의 혼례식 일정

- ❦ **간택**: 신부 후보 중에서 신붓감을 선택함. 대개 3차의 간택과정을 거침
  1차: 6~10명, 2차: 3명, 3차: 1명을 선발한다(삼간택: 6월 9일)
- ❦ **육례 절차**
① **납채**: 간택한 왕비에게 혼인의 징표인 교명문을 보내고 왕비가 이를 받아들이는 의식(6월 13일)
② **납징(납폐)**: 혼인 성립의 징표로 폐물을 보내는 의식(6월 17일)
③ **고기**: 혼인 날짜를 잡는 의식(6월 19일)
④ **책비(책빈)**: 왕비 또는 세자빈을 책봉하는 의식. 왕비가 혼례복인 적의를 입고 책명을 받는 자리로 나간다(6월 20일)
⑤ **친영**: 국왕이 별궁에 있는 왕비를 직접 맞이하러 가는 의식(6월 22일)
⑥ **동뢰**: 국왕이 왕비를 대궐에 모셔와 함께 절하고 술을 주고받는 의식(6월 22일)

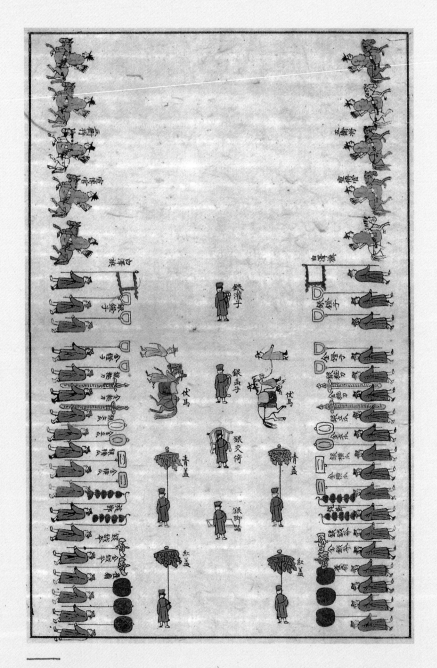

『영조정순왕후가례도감의궤』의 반차도 중 왕비의 행차. 왕비의 의장 행렬이 시작되는 부분이다. 활통을 멘 기마 금군으로 이뤄진 맨 앞 행렬과 함께 화려한 왕비의 의장이 잘 갖춰져 있음을 볼 수 있다.

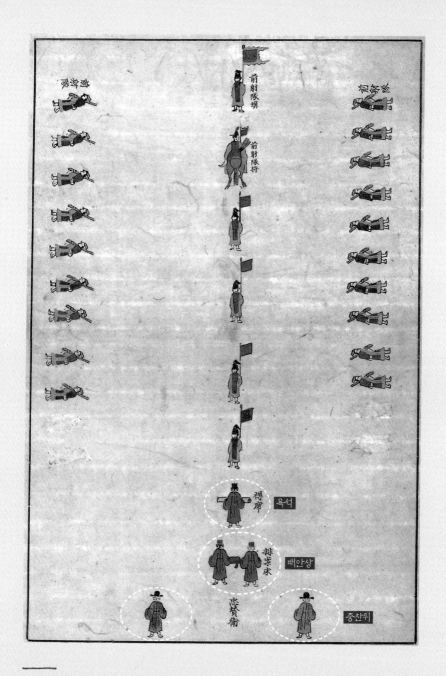

왕과 왕비가 신랑과 신부로 교배交拜를 마치고 술잔을 서로 나누는 동뢰연에 필요한 욕석褥席을 말아 서 들고 가는 이, 국새를 찍을 때 사용하는 배안상排案床을 든 사람 둘, 조선시대 오위五衛 중 하나인 충좌위忠佐衛에 속한 충찬위忠贊衛 두 사람이 뒤따르고 있다.

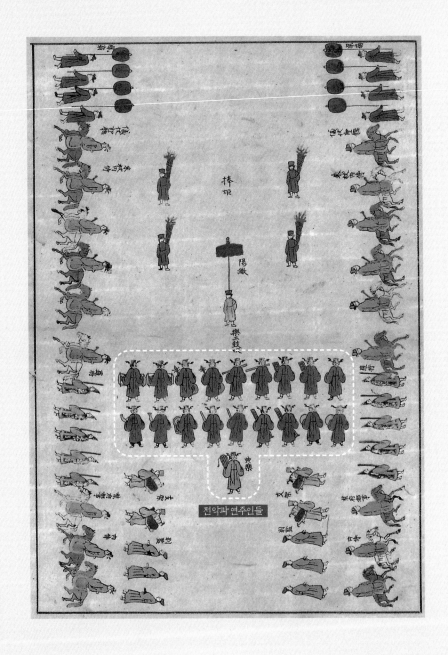

역시 왕비의 행렬로 조선시대 장악원에서 음악에 관한 일을 맡아보던 정6품 잡직인 전악典樂이 악사
들을 2열로 앞세우고 국경일을 축하하는 음악을 연주하고 있다.

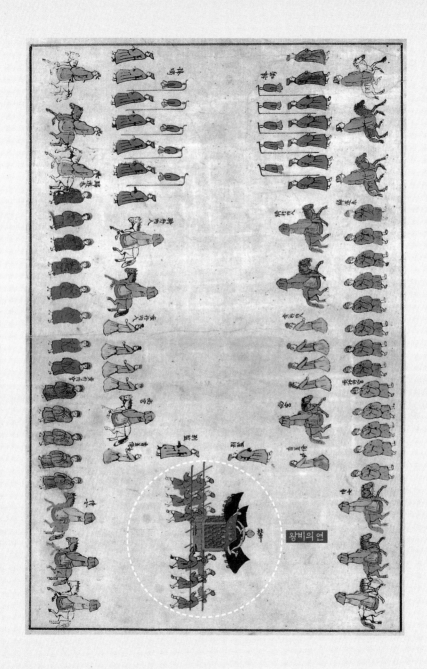

왕비의 연

드디어 왕비의 연이 등장했다. 행렬의 모습은 여타의 반차도와 큰 차이가 없으나 인원이 좀더 많으며, 사이사이에 사령의 열이 반복적으로 들어가 있음을 볼 수 있다. 제일 마지막에는 보행 후사대後射隊가 양쪽으로 있고 중앙에는 후사대의 깃발, 기마 후사대장 등 왕의 행렬 후미와 같이 화려하게 꾸며져 있다.

    모든『가례도감의궤』의 반차도는 국왕이 별궁에 있는 왕비를 맞이하러
가는 친영의 모습을 담고 있다. 친영을 가례의 하이라이트라고 여겼기 때문
이다.「반차」는 '나뉜 소임에 따라 차례로 열을 짓는 것'을 일컫는 말로, '반
차도'는 행사의 질서를 그림으로 나타낸 것이다. 반차도는 미리 그림을 그
려 행사를 연습하는 '도상圖上 연습'을 위해 마련되기도 했다.

    반차도에는 주인공인 왕비와 국왕의 가마가 행렬의 중심을 이루고 있
다. 왕의 가마는 개방형으로 제작하여 누구나 볼 수 있게 한 반면, 왕비의
가마는 폐쇄형으로 제작하여 노출을 꺼렸다. 왕과 왕비의 가마 전후에는
행사에 참여한 고위 관료, 호위 병력, 상궁, 내시, 행렬의 분위기를 고취하
는 악대, 행렬의 분위기를 잡는 뇌군(헌병) 등 각종 신분의 인물들이 자신의
임무와 역할에 따라 위치를 정하여 행진하는 모습이 그려져 있다. 특히 말
을 탄 상궁을 비롯해 침선비針線婢 등 궁궐의 하위직 여성들의 모습까지 등
장하는 게 흥미롭다.

    반차도에 나타난 행렬의 모습은 뒷모습을 그린 것, 조감법으로 묘사한
것, 측면만을 그린 인물도 등 다양하다. 다양한 각도에서 인물들을 묘사해
자칫 딱딱해지기 쉬운 행렬을 생동감 있게 연출한 화원들의 감각을 느낄 수
있다. 반차도에 나타난 인물은 신분에 따라 서로 다른 복장을 하고 있다. 다
양한 색상의 의상은 물론 너울을 쓴 여인의 모습이나 각종 군복을 착용한 기
병, 보병들의 모습은 당시의 복식 연구에도 귀중한 자료가 될 것이다.

    『영조정순왕후가례도감의궤』 반차도는 총 50면에 걸쳐 그려져 있으
며, 각 면은 45.8×33센티미터, 총 길이는 1650센티미터에 달한다. 이들
행렬은 별궁인 어의궁에 도착한 후 동뢰연의 장소인 창경궁 통명전으로 돌
아왔다.

교룡기蛟龍旗, 조선시대, 명주, 294×
235cm, 국립고궁박물관 소장. 왕권
을 상징하는 의장기로 용기龍旗라고
도 불린다. 주로 왕이 탄 가마 앞에 위
치시켜 전체 행렬을 왕이 총지휘한다
는 의미를 갖는다. 사각의 옥색 바탕
에 오르는 용, 내려오는 용 두 마리와
구름 문양을 그리고, 불꽃 모양을 나
타내는 테두리(화염각火炎脚)를 잇대
어 만들었다.

<원행을묘정리의궤반차도>에 나오는 둑과 교룡기. 둑纛은 쇠꼬리나 꿩 꼬리로 만든 의장물로 교룡
기와 함께 왕권을 상징했다.

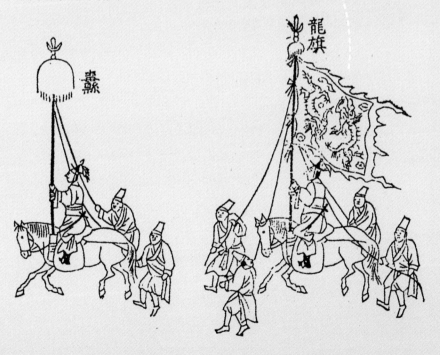

친영의 복식과 주요 구성 요소

친영 때 왕은 면복冕服을 입었다. 면복은 신성함과 권위를 상징하는 복식으로, 면류관, 곤복, 상裳, 중단中單, 폐슬, 혁피, 패옥, 말석, 규圭 등으로 구성되었다. 왕비는 조선시대 최고 신분의 여성을 상징하는 복식인 적의翟衣를 입었다. 왕과 왕비도 최고의 복식을 입었을 뿐만 아니라, 이들을 수행하는 행렬의 모습도 화려했다. 먼저 전반부에는 왕의 행차를 앞에서 인도하는 선상군병先廂軍兵과 독纛(쇠꼬리로 장식한 큰 깃발), 교룡기蛟龍旗(교룡을 그린 깃발, 교룡은 상상속의 큰 용) 등 왕을 상징하는 의장물로 구성되어 있다. 어가 행차 앞에는 화려하고 장엄하게 어가의 출현을 알리는 각종 기치旗幟와 의장물을 들고 가는 의장병과 내취內吹(악대), 시신侍臣과 친시위親侍衛 의물 및 고취악대 등이 나타난다. 어가 행차의 뒤에는 문무백관과 군사 지휘관 등 등 배종, 호위하는 신하들의 모습이 나타난다. 이어서 왕의 행차와 함께 주요한 구성을 이루는 왕비의 행차 모습이 나타난다. 왕비의 책봉에 관계된 교명, 금보 등을 실은 가마와 왕비의 가마, 왕비를 배종하는 궁녀들로 구성되어 있다. 친영 행렬의 후반부는 행차를 마무리하는 부분으로, 후미에서 국왕을 경호하는 후사대後射隊가 마지막으로 그 모습을 드러내고 있다.

한편 어가 행렬의 화려함과 함께 위엄을 돋보이게 하는 각종 장치가 활용되었다. 먼저 의장기는 상징적인 표지 기능을 했다. 해, 달, 산천, 사신도에 표현된 동물, 가구선인駕龜仙人 등의 그림을 그려 왕실의 위엄을 더했다. 의장물은 시각적인 것과 악기와 같은 청각적인 것으로 구분할 수 있는데, 시각적인 것은 다시 창·칼·도끼 등과 같은 군사적인 힘을 상징하는 것과, 그늘을 만들어주는 실용성과 신선들이 주로 사용했다는 상징성을 겸비한

부채인 선扇 · 양산陽繖 · 개蓋 등이 활용되었다. 악기는 축제 분위기를 조성하고, 행렬 선후 간에 동작을 일치시키는 기능을 하기도 했다. 즉 오늘날 구령을 맞추는 것과 같은 기능을 했다. 또한 행사에 동원되는 사람은 신분과 맡은 임무에 따라 각기 특징 있는 의례복을 착용하게 했다. 의례복은 형태나 색채에서 독특한 개성을 지니게 했으며, 일부 여성들은 너울과 같은 가리개도 착용했다. 행렬에는 말의 모습도 자주 눈에 띤다. 말은 주로 신분이 높은 인물이 타는데 일부 내시와 여인들이 탄 것도 당시의 분위기를 느끼게 한다. 말은 백마를 비롯하여 흑색, 갈색 계통 등 서로 다른 색깔을 띠는 것도 흥미롭다. 왕실 혼례식의 모습을 담은 반차도에는 당시의 의장물을 비롯하여 복식, 악기, 말 등이 오늘날의 동영상 자료처럼 생동감 있게 표현되어 있다.

혼례식은 조선시대 왕실의 최고 축제 중의 하나였다. 왕세자의 혼례식이 일반적이었지만 계비를 맞이하는 경우 숙종, 영조의 경우처럼 왕의 혼례식도 몇 차례 거행되었다. 이들 왕실의 혼례식은 전통과 예법을 중시하는 조선시대 이념과 문화, 그리고 철저한 기록문화와 접목되면서 의궤라는 기록물로 남겨졌다. 최근 우리 문화에 대한 관심이 날로 커지면서 왕실 혼례식을 비롯한 궁중의식 재현 행사도 활발하게 추진되고 있다. 만약 의궤라는 기록 유산이 없었다면 이러한 의식은 결코 재현될 수 없었을 것이다.

조선시대 역대 왕들의 혼인과 혼인 때의 지위

왕	혼인 연도	혼인 연령	왕비	본관	부친	왕비 연령	자녀	비고
태조 (1335~1408)			신의왕후 (1337~1391)	안변	한경 韓卿		6남 2녀	조선 개국 전에 사망 1398년 정종 즉위 후 신의왕후로 추존
			신덕왕후 (?~1396)	곡산	강윤성 康允成		2남 1녀	1392년 조선 개국으로 왕비 책봉
정종 (1357~1419)			정안왕후 (1355~1412)	경주	김천서 金天瑞		무	1398년 정종 즉위로 왕비 책봉
태종 (1367~1422)	1382	16	원경황후 (1365~1420)	여흥	민제 閔霽	18	4남 4녀	1400년 2월 정안대군의 세자 책봉으로 정빈貞嬪에 봉해짐. 1400년 11월 태종 즉위로 왕비 책봉
세종 (1397~1450)	1408	12	소헌왕후 (1395~1446)	청송	심온 沈溫	14	8남 2녀	1418년 4월 충녕대군의 세자 책봉으로 경빈敬嬪에 봉해짐. 1418년 9월 세종 즉위, 12월 왕비 책봉
문종 (1414~1452)	1437	24	현덕왕후 (1418~1441)	안동	권전 權專	20	1남 1녀	1437년 순빈純嬪이 폐빈 후 세자빈 책봉. 1450년 문종 즉위로 왕비 책봉
단종 (1441~1457)	1454	14	정순왕후 (1440~1521)	여산	송현수 宋玹壽	15	무	1454년 왕비 책봉
세조 (1417~1468)	1428	12	정희왕후 (1418~1483)	파평	윤번 尹璠	11	2남 1녀	1455년 세조 즉위로 왕비 책봉
예종 (1450~1469)	1460	11	장순왕후 (1445~1461)	청주	한명회 韓明澮	16	1남	1460년 세자빈 책봉 1472년(성종 3) 장순왕후로 추존됨
	1462	13	안순왕후 (?~1498)	청주	한백륜 韓伯倫	?	1남 1녀	1462년 세자빈 책봉 1468년 예종 즉위로 왕비 책봉
성종 (1457~1494)	1467	11	공혜왕후 (1456~1474)	청주	한명회	12	무	1467년 세자빈 책봉 1469년 성종 즉위로 왕비 책봉
	1480	24	정현왕후 (1462~1530)	파평	윤호 尹壕	19	1남 1녀	1473년 숙의, 1480년 윤씨 폐출 후 왕비 책봉

연산군 (1476~1506)	1487	12	폐비 신씨 (?~1537)	거창	신승선 愼承善	?	2남	1487년 세자빈으로 간택되어 입궁. 1494년 원손 출생. 1494년 연산군 즉위로 왕비 책봉
중종 (1488~1544)	1499	12	단경왕후 (1487~1557)	거창	신수근 愼守勤	13	무	1506년 중종 즉위로 왕비 책봉. 부친 신수근(연산군의 매부)으로 인해 반정 이후 폐위됨. 1739년(영조 15) 복위
	1507	20	장경왕후 (1491~1515)	파평	윤여필 尹汝弼	17	1남 1녀	1506년 숙의淑儀, 1507년 왕비 책봉
	1517	30	문정왕후 (1501~1565)	파평	윤지임 尹之任	17	1남 4녀	
인종 (1515~1545)	1524	10	인성왕후 (1514~1577)	나주	박용 朴墉	11	무	1524년 세자빈 책봉. 1544년 인종 즉위로 왕비 책봉
명종 (1534~1568)	1545	12	인순왕후 (1532~1575)	청송	심강 沈鋼	14	1남	
선조 (1552~1608)	1569	18	의인왕후 (1555~1600)	나주	박응순 朴應順	15	무	
	1602	50	인목왕후 (1584~1632)	연안	김제남 金悌男	19	1남 1녀	
광해군 (1575~1641)	1587	13	유씨 (1577~1624)	문화	유자신 柳自新		3남	1608년 광해군 즉위 후 세자빈에서 왕비 책봉. 1623년 폐위. 1624년 사망
인조 (1595~1649)	1610	16	인열왕후 (1594~1635)	청주	한준겸 韓浚謙	17	4남	인조반정 후 왕비 책봉
	1638	44	장열왕후 (1624~1688)	양주	조창원 趙昌遠	15	무	인열왕후 사후 왕비 책봉
효종 (1619~1659)	1631	13	인선황후 (1618~1674)	덕수	장유 張維	14	1남 6녀	1645년 세자빈 책봉 1649년 왕비 책봉
현종 (1641~1674)	1651	11	명성왕후 (1642~1683)	청풍	김우명 金佑明	10	1남 3녀	1651년 세자빈 책봉 1659년 왕비 책봉
숙종 (1661~1720)	1671	11	인경왕후 (1661~1680)	광산	김만기 金萬基	11	2녀	1671년 세자빈 책봉 1674년 왕비 책봉

	1681	21	인현왕후 (1667~1701)	여흥	민유중 閔維重	15	무	1681년 계비
	1702	42	인원왕후 (1687~1757)	경주	김주신 金柱臣	16	무	1702년 계비
경종 (1688~1724)	1696	9	단의왕후 (1686~1718)	청송	심초 沈浩	11	무	1696년 세자빈, 경종 즉위 후 단의왕후로 추봉
	1718	31	선의왕후 (1705~1730)	함종	어유구 魚有龜	14	무	1718년 세자빈, 1722년 왕비 책봉
영조 (1694~1776)	1704	11	정성왕후 (1692~1757)	달성	서종제 徐宗悌	13	무	1704년 달성군부인, 1721년 세제빈, 1724년 왕비 책봉
	1759	66	정순왕후 (1745~1805)	경주	김한구 金漢耈	15	무	1759년 계비
정조 (1752~1800)	1762	11	효의왕후 (1753~1821)	청풍	김시묵 金時默	10	무	1762년 세손빈 1776년 왕비 책봉
순조 (1790~1834)	1802	13	순원왕후 (1789~1857)	안동	김조순 金祖純	14	2남 3녀	1802년 왕비 책봉(1800년 초간택, 1802년 삼간택)
헌종 (1827~1849)	1837	11	효현왕후 (1828~1843)	안동	김조근 金祖根	10	무	1837년 왕비 책봉
	1844	18	효정왕후 (1831~1904)	남양	홍재룡 洪在龍	14	1녀	1844년 계비
철종 (1831~1863)	1851	21	철인왕후 (1838~1878)	안동	김문근 金汶根	15	1남	1851년 왕비 책봉
고종 (1852~1919)	1866	15	명성왕후 (1851~1895)	여흥	민치록 閔致祿	16	4남 1녀	1866년 왕비 책봉
순종 (1874~1926)	1882	9	순명효황후 (1872~1904)	여흥	민태호 閔泰鎬	11	무	1882년 왕세자빈
	1906	23	순정효황후 (1894~1906)	해평	윤택영 尹澤榮	13	무	1906년 황태자비

왕은 평소
어떻게 일했는가

◉

입법·사법·행정권을 모두 행사하다

정호훈 · 규장각한국학연구원 HK연구교수

신성과 세속의 두 세계를 관장하다

조선사회에서 국왕은 신성의 세계와 세속의 세계를 아우르는 절대 권력자였다. 조선시대 사람들은 신의 세계를 긍정하고 인간의 세계가 그로부터 절대적인 영향을 받으며 유지된다고 생각하는 가운데, 국왕이 신과 인간의 두 세계를 연결하는 존재라고 파악했다. 국왕은 그러한 위치에서 신을 섬기고 국가를 이끌어가는 존재였기에 그 누구도 지닐 수 없는 권위와 힘을 보유했다. 조선을 건국할 때 많은 사람이 태조 이성계에게로 천명天命이 내리고 인심人心이 그에게 귀복했다고 주장한 것은 신성과 세속 두 세계에 관계하는 국왕의 위상을 적절히 보여준다. 천명을 내리는 천天이란 신의 한 세계를 상징적으로 드러내는 존재였고, 태조는 그로부터 조선 건국의 당위를 인정받았다고 믿어졌던 것이다.

　　국왕의 권한, 국왕의 국정 업무는 이러한 위상과 연관되어 규정되고 행사되었다. 무엇보다도 국왕은 신과 인간을 매개하는 존재로서 신을 대면해

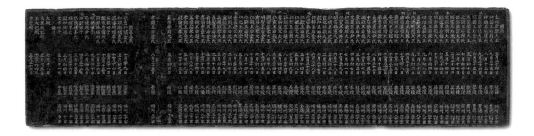

왕과 왕비의 제삿날을 적은 국기판, 35×144.3cm, 나무, 헌종연간, 국립고궁박물관 소장. 왕과 왕비, 왕세자와 왕세자빈, 왕을 출산한 후궁의 기일과 능·원·묘의 위치가 새겨져 있으며, 마지막에는 제작 당시의 왕과 대왕대비, 왕대비, 왕비의 탄일이 새겨져 있다.

제사를 지낼 수 있는 권한을 부여받은 사람이었다. 이 시기 신의 종류는 왕실의 조상신, 토지신과 농업신, 명산대천名山大川에 이르기까지 매우 다양했는데, 이들에게 제사를 지내고 그들로부터 나라와 백성의 안위를 구하는 일은 모두 국왕의 업무였다. 제사는 국왕의 지위와 권력을 보장하고 표현하는 일이자 국왕이 수행해야 할 주요 업무였다. 제사권祭祀權은 국왕의 고유 권한이었다. 국왕은 또한 국가에서 일어나는 모든 일에 책임을 져야 했고, 정치와 사법, 행정상의 국무國務에 최종 판단과 결정을 내려야 했다. 근대의 개념으로 본다면, 그는 이 사회에서 입법권·사법권·행정권을 모두 장악한 유일한 인물이었다.

국왕의 권한과 업무 범위가 이같이 넓고 중요했기에 그에게는 복잡하기 그지없는 업무를 수행할 지적 능력과 육체적 강인함이 동시에 요구됐다. 국왕이 육체적으로 허약하고 지적으로 무능하다면 국가를 운영하는 데 적잖은 문제가 생기리라는 것은 빤했다. 왕의 건강을 유지하고 그를 명민하게 만드는 문제는 국왕 개인 차원을 넘어서는 일이었으므로 제도적인 보완 장치들이 필요했다. 이를테면 경연이 그 대표적인 예다. 이 제도는 국왕이 경전과 사서史書에 관한 소양을 익히며 유교적 교양으로 국왕의 덕성을 키우고자 하는 의도로 운영했는데, 왕의 자의적인 왕권 행사를 통제하기 위한 수단이기도 했지만 다른 한편으로는 그 지적 능력을 키우기 위해 마련된 교육의 장이기도 했다.

궐 경계를 넘나들며 국정을 수행하다

국정 수행 공간은 국왕이 행하는 업무의 성격에 따라 궁궐 밖과 안으로 구분된다. 궁궐 밖에서 이루어진 업무는 주로 제사권과 관련된 것이었고, 안에서 이루어진 업무는 정무적인 것이었다. 궁 밖에서의 국정 수행은 정책에 대한 논의와 결정 등 정무적인 일은 아니었지만, 이 같은 일들은 국왕에게 주어진 고유한 업무를 행사하는 점에서 국정 운영의 범주에서 이야기해도 무방할 것이다.

국왕이 궁궐을 벗어나 움직이는 것을 거둥이라 했다. 여기에는 종묘나 사직단 제사 때 직접 제사를 지내거나 능원陵園으로 행행行幸하여 친제親祭를 지내는 경우, 질병 치료를 위해 온천으로 요양 가는 경우를 꼽을 수 있다. 역대 국왕들의 거둥은 각 왕이 처했던 사정에 따라 다양하게 나타나지만, 18세기 영·정조대에 이르면 국왕의 거둥이 크게 늘어나고 그 행차하는 장소 또한 다양해졌음을 알 수 있다. 거둥의 목적이나 내용도 이전에 볼 수 없던 게 많이 나타났다. 영조는 청계천 준설과 같은 토목공사를 직접 현장에 나아가 시찰·감독하기도 했으며, 정조는 수원으로 옮긴

청계천준천시사도, 37.4×49.6㎝, 지본채색, 1760, 서울역사박물관 소장.
1760년 준천(청계천)사업이 끝난 뒤 시사를 벌이는 장면. 시사는 창덕궁 영화당에서 이뤄졌는데, 팔자형으로 차일과 휘장을 치고 일월오악도와 어좌를 두어 영조의 친림을 나타냈으며, 그 앞으로 준천소 문신들과 군복에 궁시를 갖춘 신하들을 배치했다.

사도세자의 무덤에 자주 왕래하면서 백성들의 생활상을 확인하고 민원을 직접 들으며 이를 국정에 반영하기도 했다. 왕의 행차가 백성과 직접 만나는 정치의 장으로 기능하기도 했던 것이다.

한편 이 시기에는 국왕이 궁궐 정문에 나아가 도성민들을 만남으로써 중요한 정책과 관련한 의견을 청취하거나 직접 윤음綸音을 내리는 일도 자주 행해졌다. 영조의 경우 양역良役의 개혁을 둘러싼 논의가 분분한 상황에

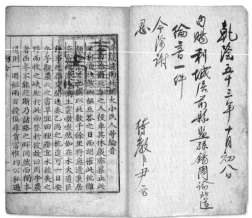

어제윤음, 73×21cm, 종이에 먹, 1788, 국립고궁박물관 소장.
정조가 함경도 백성을 위해 내린 윤음. 함경도에 가뭄이 들자, 지역 주민에게 시행할 구제 대책과 관세를 탕감하는 등의 내용을 적어서 내린 지침서다.

서 창경궁의 홍화문弘化門에 나아가 서울 시내 백성들의 의견을 듣기도 하고 사민四民들을 진휼賑恤하기도 했으며, 또 창덕궁 돈화문敦化門에서 시전市廛 상인들을 직접 불러 그들의 청원을 듣기도 했다. 이러한 행위는 직접적으로 궁궐을 벗어나는 거둥은 아니었지만, 국왕이 친히 백성들을 만나 그들과 대화를 나누는 점에서 궁궐의 경계를 넘어선 것이었다.

　궁궐 밖에서의 국정 수행이 특별한 경우에 해당된다면, 궁궐 내에서의 업무 수행은 국왕의 일상에서 중심을 이루었다. 국왕의 궁궐 밖 나들이는 한번 움직이면 준비가 복잡하고 많은 인력이 동원돼야 했기에 큰 제한을 받았다. 국왕이 국정을 수행하는 일차적 공간은 궁궐이었다. 경복궁을 비롯한 조선의 5대 궁궐은 국왕이 사적인 생활을 영위하는 곳이면서 동시에 공적인 업무를 살피는 곳이었다.

궁궐이 지닌 이러한 특성은 공간 구성에 그대로 반영되어 있다. 궁궐에는 국왕과 왕실 식구들, 국왕을 보좌하는 신료들이 생활하고 휴식하며 국정을 수행할 수 있는 공간이 잘 갖추어져 있었다. 이를 성격에 따라 구체화하면 정무 공간, 생활 공간, 휴식 공간 등으로 나누어볼 수 있다. 이 가운데 국왕의 국정 수행은 대체로 정무 공간에서 이루어졌다. 즉 국왕이 신하들을 만나고 자신에게 주어진 정치적 업무를 수행하는 곳이었다. 이 공간은 국왕과 신료가 모여 국가의 공식적인 큰 행사를 치르는 법전法殿과 국왕이 편복차림으로 정무를 수행하는 편전便殿으로 구분된다. 법전은 매년 1월 1일과 동지 때의 군신 조회 등에만 이용하는 등 연중 이용하는 회수가 매우 제한적이었는데, 경복궁의 근정전, 창덕궁의 인정전, 창경궁의 명정전, 경희궁의 숭정전 등이 여기에 속했다. 편전은 경복궁의 사정전, 창덕궁의 선정전, 창경궁의 문정전, 경희궁의 자정전 등을 꼽을 수 있다. 편전의 경우 조선후기에 들어와 통상의 편전 외에 별도의 건물을 편전 용도로 활용해 보다 복잡해지는 모습을 보이기도 한다.

신을 섬기고 국가의 안위를 빌다

왕의 국정 수행에서 가장 중요한 것은 여러 신에 대한 제사였다. 조선인들은 국가와 왕실, 백성을 보위하는 중요한 힘이 신에게 있다고 믿었기에 이를 제대로 섬기고자 무척 노력했다. 제사는 국가 차원에서 행해졌는데, 조선에서는 이들 신에 대한 제사 의례를 오례五禮 중 하나인 길례吉禮로 규정하고 정해진 시간에 맞춰 많은 물력을 들임으로써 지극 정성으로 봉행했다. 이와 관련한 의식 또한 자세히 규정하여 항상성을 지닐 수 있도록 했다. 성

제사에 관한 규정과 역사를 정리한 『국조속오례의』

종대의 『국조오례의國朝五禮儀』, 영조대의 『국조속오례의國朝續五禮儀』, 정조대의 『춘관통고春官通考』는 시간에 따라 변화해간 제사에 관한 규정과 역사를 충실하게 정리하고 있다. 국왕은 이러한 제사를 담당하는 주재자였다.

조선에서는 국가 제사를 대사大祀·중사中祀·소사小祀 등 3등급으로 나누어 관리했다. 대사는 사직단社稷壇·종묘宗廟·영녕전永寧殿 제사 등이 해당되었고, 중사는 풍운뇌우風雲雷雨·악해독嶽海瀆·적전籍田·선농先農·선잠先蠶·우사雩祀·문선왕文宣王·역대시조歷代始祖 제사, 소사는 영성靈星·노인성老人星·마조馬祖·명산대천名山大川·사한司寒·선목先牧·마사馬社·마보馬步·마제禡祭·영제榮祭·포제酺祭·칠사七祀·독제纛祭·여제厲祭 등이 있었다. 이들 제사 가운데 종묘 등 중요한 제례는 국왕이 직접 주관했으며 나머지 제사는 신하들이 대행했다. 대체로 중사는 2품 이상의 관원이, 소사는 3품 이하의 관원이 맡았다. 이 경우 신하가 대신 거행하는 제사라도 주재자는 국왕이었으므로 축문祝文에 그러한 사실이 명기되었다.

여러 제사 가운데 국왕권의 행사와 관련하여 중요한 의미를 갖는 것은 사직 제사와 종묘 제사였다. 사직 제사는 토지신과 농업신에게 지내는 제사로 국왕은 이를 통해 늘 풍년을 기원했다. 농업이 생산의 중심이 되는 사회였으므로 이를 관장하는 기운을 지닌 신들을 제대로 섬기는 것은 무척 중요한 일이었다. 종묘 제사는 봄·여름·가을·겨울 사계절 제사와 납일臘日 제사 등 1년에 모두 다섯 차례 지냈다. 국왕의 조상신에 대한 제사였기에 이것은 회수나 규모로 볼 때 다른 제사를 압도했다. 사직·종묘 제사는 어느 경우든 국왕이 직접 지내는 것이 원칙이었다. 제사를 지내는 날, 국왕은 하루 종일 이곳에 나아가 머무르며 의절에 맞추어 의식을 주재했다. 정조 4년(1780) 1월 1일에 있었던 사직단 제사의 모습이다.

- 오전 10시巳時에 사직단으로 거둥하다.
- 인화문을 나와 돈화문에 이르다. 가마를 멈추고 각 도道의 세수호장歲首戶長들을 불러 민간의 고통, 각 고을의 나쁜 폐단, 일 년 농사의 조짐 등을 묻게 하고 보고를 듣다.
- 종로에 이르러 시민市民을 불러 모아 폐단을 묻게 하고 보고를 듣다. 사직단에 이르러 행제소行祭所에 들다.
- 12시午時에 사직단 서문西門 밖에 나아가다. 제기祭器와 희생犧牲을 살피다.
- 오후 4시申時에 사직단 제실祭室에 나아가다.
- 오후 4시에 권농윤음勸農綸音을 내리다.
- 새벽 3시四更에 사직단 행제소에 나아가다. 제사를 마치고 대차大次로 돌아오다.

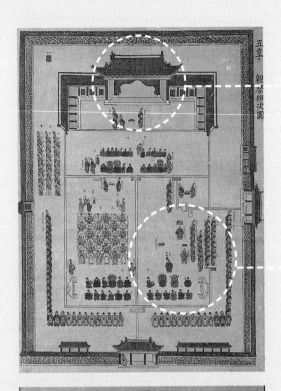

五享 親祭班次圖

종묘친제규제도설병풍宗廟親祭規制圖說屏風 중 제7폭 <오향친제반차도>. 조선 19세기 후반, 8곡병, 지본채색, 각 180.8× 54.3cm.
종묘친제규제도설병풍은 종묘대제의 의주儀註를 알기 쉽게 회화로 나타내고 하단에는 대제의 절차를 묵서墨書로 기록한 8폭 병풍으로 의식 절차를 시각적으로 알 수 있게 한 궁중 행사도이다. 옆의 그림은 제7폭으로 제사 참석자의 위치와 전체적인 대형을 설명했다.

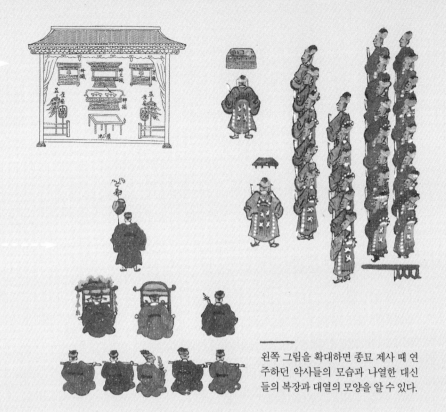

왼쪽 그림을 확대하면 종묘 제사 때 연
주하던 악사들의 모습과 나열한 대신
들의 복장과 대열의 모양을 알 수 있다.

왼쪽은 왕실 행사 때 물이나 기타 액체를 아가리가 작은
그릇에 옮겨 담을 때 쓰는 기구인 관지통의 뚜껑. 오른쪽
은 봉선鳳扇으로 조선시대 의장으로 사용하던 큰 부채인
데, 긴 자루 끝에 부채 모양을 만들고, 봉황을 수놓거나 그
려 넣었다. 임금이 거둥할 때 소여小輿 뒤에서 월부鉞斧 다
음에 봉선을 든 여섯 사람이 좌우에서 따랐다.

오랜 가뭄이 들면 비를 내리도록 청하는 기우제도 국왕의 제사권과 연관된 중요한 제사 중 하나였다. 기우제 제사는 필요하다면 언제라도 지냈으며, 경우에 따라 여러 곳에서 순차적으로 행했다. 조선후기 자료인 『기우제등록祈雨祭謄錄』을 보면 삼각산三角山, 목멱산木覓山, 용산龍山, 저자도楮子島, 북교北郊와 사직, 종묘 등에서 행해졌음을 알 수 있다. 기우제에 국왕이 직접 행차하는 경우는 가뭄이 아주 극심했을 때인데, 『국조속오례의』에 실린 「기우제친제의祈雨祭親祭儀」에서 그 구체적인 모습을 확인할 수 있다.

만기萬機를 주재하다

조선사회에서 국왕의 국정 수행은 집권화된 정치 체제 위에서 이루어졌다. 권력의 정점에서 나라를 이끌었던 국왕의 권력 행사를 구조적으로 밑받침하는 것은 중앙집권 체제였다. 이 체제는 의정부議政府-육조六曹를 근간으로 하는 중앙 정치제도와 감사監司-수령守令으로 이어지는 지방 정치제도를 양축으로 하여 전국을 일원적으로 지배했다. 중앙과 지방은 각기 분장 영역을 달리하면서도 위계적 질서를 유지하며 통합되어 있었다. 이 체제의 중심은 중앙 정치제도에 놓여 있었는데, 중앙 정치제도는 초기에는 의정부와 육조·삼사를 중심으로 운영되었으며, 17세기 이후에는 비변사가 중심 관부로서 기능했다. 국가의 중요한 정책과 법제는 이곳에서 심의하고 주관하여 시행해나갔다.

이 체제하에서 왕의 국정 수행은 그다지 복잡하지 않은 듯 보인다. 그러나 실제 왕은 행정·입법·사법·대외관계 등 국정 전반을 총괄하는 위치에 있었기에 참으로 어렵고 번다한 업무를 늘 수행했다. 왕은 국정 전반의 운영을 감독하고 새로운 정책을 결정해야 했으며, 새 법이 제정될 필요가 있으면 이를 최종 승인해야 했다. 행정 기구에서 입안되고 결정된 사안은 최종적으로 국왕의 재가를 받아 실행되었다. 새로운 법과 규칙은 모두 국왕의 이름으로 공표되었으며, 행정상의 중요 사안들도 모두 왕의 허락을 받아야 했다. 『경국대전』에 실려 있는 다음 규정은 이를 잘 보여준다.

> "새 법을 제정하거나 옛 법을 고치거나 거상居喪 중에 있는 관리를 불러내다가 벼슬을 시키는 것은 의정부에서 토의하여 임금에게 보고하고 본조에서 사헌부 · 사간원의 서경署經을 상고하여 문건의 부본副本을 내준다."
>
> 『경국대전』, 「예전禮典」, 의첩依牒

국정 최고 주재자로서의 활동은 관료들과의 끊임없는 만남 위에서 가능했다. 국왕은 정기적으로나 비정기적으로 각 관청의 업무를 보고받고 의견 수렴을 거쳐 국정 현안을 챙겼다. 이 과정에서 새로운 결정이 내려지고 법 제정이 이루어졌다. 왕의 업무를 두고 '만기萬機'라고 하는 것도 여기서 연유한 것이다.

국왕이 신료 혹은 관료들을 만나 국정에 관한 업무를 수행하는 형식은 다양했다. 조참朝參, 상참常參, 윤대輪對, 승정원 승지의 업무 보고, 경연에서의 국정 논의, 대신 및 비변사 당상 등과의 차대次對 등을 주요한 것으로 꼽을 수 있다. 이들 방식은 법전에 규정돼 있기도 하고 관례적으로 행해지기도 했는데, 대신 및 비변사

정조의 만기지가萬機之暇 도장

당상 등과의 차대를 제외하고는 모두 조선 초부터 오랫동안 시행되었다.

조참은 국왕과 백관百官이 정기적으로 만나는 조회를 말한다. 매월 5일, 11일, 21일, 25일에 조정의 모든 관리가 근정문·인정문 등 법전의 정문에 모여 회동하는 것이 원칙이었다.『국조오례의』「근정문조참의勤政門朝參儀」,『국조속오례의』「인정문조참의仁政門朝參儀」에서 조참에 참여하는 대상이 누구인지, 조참 대열은 어떠했는지를 확인할 수 있다. 그러나 이 조참은 실제 규정대로 충실히 시행되지 않았다. 반면 일상적으로 비교적 간략하게 행해지던 조회가 상참이었다.

상참은 신료들이 매일 아침 국왕을 배알하던 약식略式 조회로 회동 장소는 편전이었다.『경국대전』에는 종친부宗親府·의정부議政府·충훈부忠勳府·중추부中樞府·의빈부儀賓府·돈령부敦寧府·육조·한성부漢城府의 당상관堂上官과 사헌부司憲府·사간원司諫院의 관원 각각 1명, 경연의 당상관·당하관 각각 2명, 의정부·육조의 당직當直 당하관과 사헌부 감찰들이 참여한다고 규정하고 있다. 상참은 국왕과 신료들이 만나는 조회의식이었으나, 이것이 끝난 뒤에는 국왕이 국정을 보고받는 조계朝啓를 행했다. 이때는 공사를 아뢸啓事 관원들이 사관史官과 함께 전내로 들어가 부복하고 차례로 용건을 보고했다.『국조오례의』「상참조계의常參朝啓儀」에는 이 과정이 잘 묘사되어 있다.

상참은 매일 거행하는 것이 원칙이었다. 하지만 그렇게 충실히 지켜진 것 같지는 않다. 그렇다 해도 선조대를 경계로 하여 상참 시행 양상에서 변화가 나타남을 볼 수 있는데, 선조 이전에는 상참이 비교적 활발히 시행된 반면, 이후로는 거의 행해진 바가 없다. 정조대를 예로 든다면 재위 24년 동안 상참이 행해진 것은 두 손으로 꼽을 정도였다.

윤대輪對는 상참 조계에 참여하지 않는 관부가 순서를 정해 국왕에게 정례적인 보고를 하는 행사였다. '윤대'의 '윤'은 윤번, '대'는 접견, 즉 만난다는 뜻이다. 윤대에 참가할 수 있는 자격은 문관은 6품 이상, 무관은 4품 이상으로 한정되었다. 윤대를 담당하는 관원을 윤대관이라 했다. 고종대에 편찬된 『은대조례銀臺條例』에는 윤대가 한 달에 세 번, 곧 매월 1일, 11일, 21일에 열린다고 규정되어 있다. 조선을 통틀어 모든 왕대에 윤대가 빈틈없이 시행되었던 것은 아니지만, 윤대는 국왕이 국정을 확인하고 통제하는 중요한 통로 가운데 하나였다.

왕의 국정 수행과 관련하여 눈여겨봐야 할 것은 경연이다. 이는 국왕이 문신들과 더불어 『서경』 『역경』 등의 경전과 사서를 강론하면서 유교사상을 익히는 국왕 교육의 장이었다. 국왕은, 이미 말한 대로 경연을 통하여 유교적 덕성을 기르고 동시에 지적 능력을 계발해나갔다. 경연은 또한 국정의 중대사를 논하면서 신하들의 다양한 의견을 수렴하는 곳이기도 했다. 여기에는 경연관 외에 대신들이 참여했으며, 정해진 분량의 공부를 마친 뒤 국왕은 이들 대신과 중요한 정책 현안을 논의하고 결정했다. 이 자리에서 결론이 나지 않는 사안에 대해서는 최종 확정을 뒤로 미루기도 했다. 효종 1년 (1650) 6월 10일 경연의 모습이다.

"상이 조강朝講에 나아가 『서전書傳』 「순전舜傳」을 강하였다. 이어 영경연領經筵 조익趙翼이 아뢰기를 '간원이 아뢴 것에 대해 비변사로 하여금 논의하게 하셨는데, 신들의 생각엔 요역이 균등하지 못함으로 인해 백성들의 원망이 더욱 심하니 역이 고르게 된 뒤에야 백성을 보전할 수 있으므로 형조판서와 호조판서로 하여금 이 일을 주관하게 하고 싶습니다' 하였다.

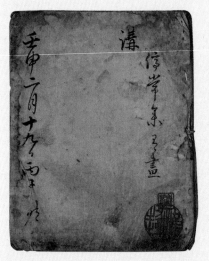

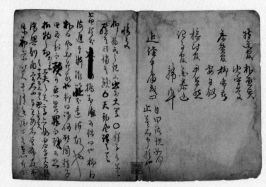

경연일기, 김성일 저, 1571~1572년, 22.8×9.4(24.1×18.6)㎝, 국립중앙박물관 소장. 왕이 신하들과 함께 학문을 연구하는 자리인 경연에서 강의하고 토론한 내용을 사관이 기록한 공식 일지. 그날 강독한 책의 제목, 강독 범위, 왕과 신하들의 토론 내용을 기록했는데, 여기에는 정치 전반에 관한 것도 포함되어 있다.

상이 이르기를 '말하기는 매우 쉽지만 실행하기는 매우 어려운 것이다. 이 논의가 있은 지 60년이 되도록 바로잡지 못한 것은 무엇 때문인가? 지난번에 대동법大同法을 시행하려고 했는데 경외京外의 백성들이 다 불편하다고 하여 정지한 것이다. 그 이름은 비록 역을 균등하게 한다고 하지만 실은 대동법과 다름이 없다. 오늘의 나라 형편은 마치 큰 병을 앓고 난 사람 같아서 경장更張이 불가능할지도 모르니, 그 가부를 형조판서와 호조판서에게 묻고 싶은데 경들의 뜻은 어떠한가?' 하였다.

호조판서 이기조李基祚가 아뢰기를 '호서湖西는 경작지가 적은데 역은 무거우며 양남兩南은 경작지가 많은데 역은 가벼우니, 역을 고르게 하는 것이 어찌 아름다운 뜻이 아니겠습니까? 그러나 전엔 무거웠는데 이제는 가볍다고 생각하는 자는 기뻐하겠지만, 전엔 가벼웠는데 지금은 무겁다고 생각하는 자는 반드시 원망할 것입니다' 하였다.

이시방李時昉과 민응형閔應亨은 모두 편하게 여긴다고 말하니, 상이 이르기를 '경들은 물러가서 대신들과 충분히 논의하여 기다리고 있으라. 다시 만나서 논의하겠다' 하였다."

경연은 태조 즉위 초에 제도가 정비돼 시행되었으며 세종대 들어서는 집현전이 이를 전담했다. 이후 세조대에 집현전이 혁파되면서 경연도 혁파되었으나, 성종대에 경연 정치가 회복되어 그 틀이 세워졌다. 경연은 이를 담당하는 관원을 정해 아침·낮·저녁으로 하루 세 번 여는 것이 상례常例였다. 이것을 각각 조강朝講·주강晝講·석강夕講이라 했으며, 이밖에 임시로 여는 것을 소대召對라 하고, 밤에 궁궐 문을 닫은 뒤閉門 여는 것을 야대野對라 하였다.

지근거리에서 보좌한 비변사와 승정원

국왕의 업무 수행에서 또 하나의 중요한 행사는 왕이 대신과 비변사의 당상 堂上(혹은 여러 신하)을 인견引見하는 차대였다. 차대는 본시 윤대관輪對官이 순차대로 임금을 만난다는 의미로 쓰였으나, 비변사가 중요한 역할을 하면 서 국왕과 비변사가 정례적으로 만나 주요한 국정을 논의하는 일로 바뀌어 쓰였다. 이때 비변사에서 처리한 주요 안건이나 기타 사항을 국왕에게 보고 했고, 왕은 이를 바탕으로 정책을 결정하고 새로운 법제를 만들었다. 이 차 대는 비국차대備局次對 혹은 빈청차대賓廳次對라고도 했는데, 비국은 비변사 를 달리 부르는 표현이고, 빈청은 의정들이나 비국당상備局堂上들이 궁궐 안 에 모여서 사무를 보는 건물을 지칭했다. 17세기 이후 비국차대가 국정 운 영에 중요한 역할을 하게 된 것은 이 시기 들어 비변사의 기능이 강화되어 이것이 중심이 되는 정치 운영이 확립돼 있었기 때문이다.

　　비변사는 16세기 처음 등장했을 때는 변방의 군사적인 위협에 효율적 으로 대응하기 위한 기관의 성격을 지니고 있었으나, 17세기 이후로는 국가 통치를 총괄하는 기관으로서 그에 관련된 제반 업무를 관장했다. 의정 대신 과 2품 이상의 관료들이 비변사 당상으로 참여해 국가의 주요 정책은 이들 논의를 거쳐 결정되고 그 주관하에 시행되었다. 비변사에서 실제로 담당하 는 직무는 군사나 행정과 관계되는 중요 관직에 대한 인사, 중앙과 지방의 각급 관청으로부터 보고되는 사안에 대한 논의 및 그에 의한 처리 방침의 결 정과 이를 국왕에게 보고하여 승인받는 일이었다. 이렇게 하여 결정된 각종 사안은 다시 행정 실무 기관인 각급 관청에 내려져 시행되었다.

　　비변사에서 정리된 사안들에 대한 의견은 왕에게 차대 때 현직 의정이

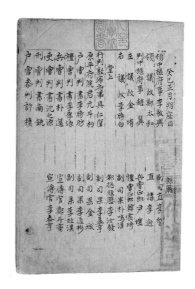

비변사등록(273책), 국보 152호, 규장각한국학연구원 소장.

아뢰거나 유사 당상이 사계司啓 형식으로 보고함으로써 처리되었다. 차대는 매달 5일, 10일, 15일, 20일, 25일, 30일 등 월 6회 정례적으로 여는 것이 원칙이었다. 이 원칙은 영조·정조연간에는 충실히 지켜져 대체로 매달 6번의 차대 회수를 채우고 있으나, 순조 즉위 후에는 사정이 크게 달라졌다. 한 달 동안 차대 회수가 한두 차례에 그치는가 하면 어떤 때는 한 달 내내 한 번도 열리지 않은 채로 지나가기도 했다. 이에 따라 19세기 전반에는 18세기에 비해 비변사의 사계에 의해 의논된 결과가 국왕에게 보고되어 처리되는 비중이 상대적으로 높아졌다.

국왕이 국정을 수행해나감에 있어 가장 중요한 역할을 한 것은 승정원이었다. 승정원은 궁궐 내에 자리잡아 국왕을 지근거리에서 보좌하던 관부로, 법전에는 왕명王命의 출납出納을 관장하는 기구로 규정돼 있었다. 후원喉院 · 은대銀臺라고도 불렸는데, 목구멍을 뜻하는 '후喉' 자를 쓰는 별칭이 이 기관의 성격을 잘 보여준다. 구체적으로는 국왕의 지시 사항이나 명령을 정부 각 기관과 외부에 전달하고 또 정부 기관에서 올린 보고문이나 지방 장관, 개인의 상소문 등을 왕에게 보고하는 것이 이들의 주 업무였다. 승정원은 국왕과 관료 기구를 연결하는 주요 고리였던 것이다.

이 과정에서 승정원 승지들은 국왕을 도와 정사를 처리하고 자문에 응하기도 했다. 국왕은 항상 승정원을 통해 국정의 현안들을 확인하고 그에 알맞은 조치를 취할 수 있었다. 승정원 승지들은 또한 외국 사신을 접대하고 종묘 제사와 같은 국가 의식에 국왕을 수행했으며, 형정 처리 및 인사 참여 등 국정 전반에 관여했다. 또한 도승지를 비롯한 여섯 승지는 모두 경연의 참찬관參贊官과 춘추관春秋館의 수찬관修撰官을 겸하여 왕의 일거수일투족을 기록으로 남겼다.

승정원 승지들의 업무 보고는 도승지는 이조를, 좌승지는 호조를, 우승지는 예조를, 좌부승지는 병조를, 우부승지는 형조를, 동부승지는 공조의 업무를 각기 분장하여 이루어졌다. 승지들은 "아무개 승지가 아무개 관서의 말로써 아뢰기를 운운某承旨 以某司言啓曰云云" 하는 형식으로 내용을 간략히 요약해 보고했다.

『승정원일기』를 통해 본 정조의 일상: 동태적 국정 수행

조선 국왕이 수행해야 할 업무는 방대했다. 그 업무는 의무로서 법전에 규정되어 있진 않았지만, 왕이 이를 최종적으로 확인하지 않으면 안 되는 것이 현실이었다. 그러나 조선의 모든 국왕이 국정 업무를 일일이 챙긴 것은 아니었다. 국왕별로 편차가 컸다.

역대 국왕 가운데 누구보다도 바쁘게 국정을 챙기며 업무를 진행한 인물로는 정조를 꼽을 수 있다. 영조가 그러했듯이 정조는 국정 업무를 꼼꼼히 직접 살폈다. 말 그대로 '만기친람萬機親覽'이었다. 정조의 정국 운영 방식에 비판적인 신하들이 군주는 모든 정무를 직접 살피지 않고 대본大本만을 챙겨야 한다고 할 정도로, 정조는 쉬지 않고 업무를 확인하고 감독하며 국가를 이끌었다. 정조는 스스로를 정사와 학문을 주도하고 가르치는 군사君師, 곧 군주이자 스승으로 위치지우고 이를 실현하고자 최선을 다했다.

정조의 바쁜 하루는 『승정원일기』에 잘 나타나 있다. 정조 6년(1782) 2월 20일자 일기를 통해 본 왕의 하루 일과는 다음과 같다. 이날 날씨는 맑았으며, 왕은 창덕궁에 머물렀다. 상참은 정지하고 주강을 열었다.

승정원의 보고와 이에 대한 임금의 지시

좌승지 조시위가 오늘 차대에 양사兩司 장관을 패초牌招할 것을 청하여 허락을 얻다.

좌승지 조시위가 병조의 건의를 아뢰고 조치를 받다.

부교리 이시수의 상소에 답하다.

오전 8시辰時

성정각誠正閣에 나아가 주강晝講과 차대를 동시에 행하다.

지사, 특진관, 참찬관, 시독관, 검토관 입시.

영의정, 좌의정, 우의정, 우참찬, 병조판서, 공조판서, 예조판서, 형조판서, 한성좌윤, 행부사직, 병조참판, 이조참판 등 참여.

『맹자』제2권 하편의 일부를 읽고 국왕과 경연관이 그 의미를 논하다.

차대에 참여한 관원들과 공사公事를 논의하고 중요 사안을 결정하다.

오전 10시巳時

성정각에 나아가다.

시원임時原任 각신閣臣과 군사방승지軍士房承旨, 병조참의 입시.

봄철 능행陵幸에 관해 논의하다. 역적 김응언의 공초供招를 읽다. 문신
과 초계문신抄啓文臣의 시사試射에 대해 논하다.

밤 8시初更 三点

성정각에 나아가다.

형조판서, 병조판서 입시.

역적 김응언에 대한 정보를 자세히 묻고 관련자들을 더 조사할 것을 명
령하다.

성정각은 정조가 업무를 볼 때 자주 이용했던 창덕궁 내 건물로, 창덕
궁과 창경궁 그리고 규장각으로 가는 길 경계에 자리잡고 있다. 정조의 이
날 일과는 아침 여덟 시부터 공식적으로 시작되어 밤 여덟 시가 넘어서야 끝
났다. 상참은 정지했지만 주강과 차대를 열고 이 자리에서 국정의 주요 사
실들을 논의하고 결정하는 것을 볼 수 있다. 오전 열 시에 전·현직 각신들
을 만나 국정을 논하는 모습은 정조대의 특징을 단적으로 보여준다. 각신은
규장각에 근무하는 관료를 말한다. 정조는 즉위 직후에 규장각을 만들고 이

세자의 주연이 열리던 곳으로, 팔작집 용마루에 양성을 한 채 월대 위에 세워져 있던 성정각(표시 부분).

곳에서 자신과 호흡이 맞는 능력 있는 신료들을 키웠으며, 나아가 이곳을 사상·학술의 중심지로 만들려고 노력했다.

정조는 재위 기간 내내 이처럼 조금도 쉬지 않고 신하들을 만나고 국정을 처리했다. 국왕으로서의 직무에 더없이 충실하고자 하는 모습이었다. 그것은 국가 안팎으로 새로운 변화가 지속적으로 일어나고 국가의 정치·경제 혹은 문화적 규모가 확대되는 상황에서 정조 스스로 능동적으로 움직이며 적절한 대응책을 찾으려는 노력이기도 했다. 안정되고 통합된 조선, 그것은 정조가 꿈꾸던 이상이었을 것인데, 그것이 가능하기 위해서는 자신의 적극적이며 창조적인 국정 운영이 필요하다는 사실을 그는 충분히 자각하고 있었고, 이를 위해 조직과 인력을 최대한 가동했다. 정조는 아마도 자신이 목표로 삼는 것이 단순히 자신이 가진 권력을 효율적으로 활용하고 관료 기구를 조직적으로 작동시킨다고 해서 이뤄질 거라 여기지 않았을 것이다. 정조가 규장각을 통해 수백 종의 어정서御定書·명찬서命撰書를 만들고 간행했던 것은 그 징표다. 이 책들은 조선의 역사와 사상, 문화를 국왕·국가 차원에서 정비하고자 한 결과물들이었다. 정조는 자신의 정치적 성공은 자신의 개성이 들어 있는 사상과 문화, 이념의 기반 위에서 가능하리라 여기고, 여기에 이전 시기에는 볼 수 없던 공력을 쏟아부어 이 책들을 만들었던 것이다.

임금이
시를 짓는 뜻

◉

왕의 문예활동과 정치

이종묵 · 서울대 국문과 교수

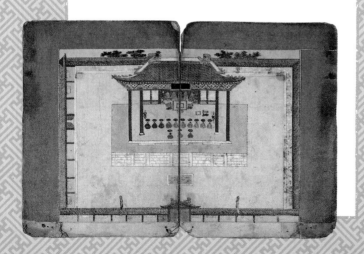

규장각과 임금의 시문집

규장각奎章閣에서 '규奎'는 서방의 별자리 이름으로 그 형상이 문자와 유사하여 문장을 비유하는 말로 쓰인다. '규장奎章'은 임금의 시문을 일컫는 말이니, 규장각은 바로 임금의 시문을 보관하는 집이다. 규장각의 연원은 이러하다.

규장각의 아이디어는 조선초기의 노련한 행정가였던 양성지梁誠之가 제안한 것이었다. 세조 9년(1456) 5월 집현전이 혁파되면서 그곳에서 소장하고 있던 서적들은 예문관으로 옮겨갔는데, 이때 양성지가 집현전에서 소장하던 서적을 체계적으로 관리하는 제도를 새로 만들 필요가 있음을 절감하고 홍문관弘文館의 설치를 제안했다. 양성지는 송나라 제도를 참작하여 경복궁의 교태전交泰殿 동쪽에 있던 인지당麟趾堂의 별실에 규장각을 설치하고 임금의 시문을 봉안할 것을 제안했다. 그러나 이것은 실행에 옮겨지지 못했다. 그후 다시 숙종 때 종정시宗正寺에 규장각과 천한각天翰閣을 세우려

계획하고 숙종이 친필로 편액을 썼지만 계획으로만 그치고 말았다.

　규장각을 건립한 사람은 잘 알려진 대로 정조대왕이다. 정조는 즉위한 바로 그해 1776년 7월 규장각을 창덕궁 금원禁苑의 북쪽에 세웠다. 처음에는 어제각御製閣이라 이름하였는데 나중에 숙종이 쓴 편액을 걸면서 규장각으로 이름을 바꾸었다. 역대 임금의 글은 규장각 안의 봉모당奉謨堂에서 관리했다. 또 규장각에는 주합루宙合樓라 이름 붙인 건물이 있었는데 여기에 정조가 친필로 쓴 편액을 내걸었다. 정조는 자신의 영정을 이곳에 두고 순장용으로 쓸 삼경三經과 사서四書 각 한 부씩을 보관했다. 정조 서거 후 그가 생전에 쓴 글은 이곳에 보관되었다. 이처럼 규장각은 임금이 글을 보관하던 도서관 성격에서 출발하였다.

　규장각에 보관되던 임금의 글은 특별하게 책으로 만들어졌다. 임금이 지은 글을 어제御製라 하고 세자의 글을 예제睿製라 하며, 신하가 왕명에 의하여 짓는 글을 응제應製라 하고, 임금과 신하가 시를 주고받는 것을 갱재賡載라 하였다. 조선시대 역대 임금이 지은 시문, 어제는 『열성어제列聖御製』라는 이

규장각 현판

름으로 편찬되었다. 세조 때『조종조성제집祖宗朝聖製集』과『어제시문집御製詩文集』이 간행되었고, 성종 때 세조의 어제집御製集과 예종 및 덕종의 어제집이 편찬되었다. 또 성종 생전에 성종어제成宗御製도 간행되었을 것으로 추정되며, 중종의 어세 역시 수습되어 간행되었을 듯하다. 현재 전하는 제일 오래된 어제집은『인묘어제仁廟御製』다. 인종의 행장을 마감할 때 대비가 인종이 세자 때 지은 글을 모아 이 책을 편찬하였다. 관례로 보아 이 책이 명종연간에 편찬된 듯하지만, 실제 간행은 그 뒤에 이루어졌다.

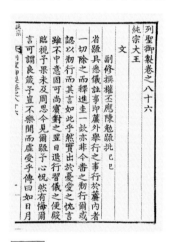

『열성어제』

한 임금이 죽고 다음 임금이 즉위하면 곧바로 전대 임금의 어제집을 편찬하고 이를 합쳐『열성어제』를 간행하는 전통은 인조 때부터 정착했다. 인조 때『열성어제』가 간행된 후 잠시 중단되다가 숙종 때부터 다시 활발하게 어제집이 편찬된다. 다만 고종 이후의『열성어제』는 채 간행되지도 못하고 열악한 상태의 원고본으로 남아 있다.

역대 임금의 시문은 조선시대 일반 문인처럼 문집으로 편찬된 예도 있다. 임금 문집으로 가장 빠른 것은 숙종의『자신만고紫宸漫稿』로 추정된다. 이 책은 지금 전하지 않지만, 6권의 분량으로 간행된 사실은 기록에 분명히 나타난다. 나중에 다시 말하겠지만, 숙종은 문학을 사랑하여 많은 시문을 제작했고 이를 수습하여 일반 문인처럼 문집을 간행한 것이라 하겠다. 임금의 시문을 문집으로 정리하는 전통은 이때 시작되었다. 영조의『어제집경당편집御製集慶堂編輯』과『어제속집경당편집御製續集慶堂編輯』, 정조의『홍재전서

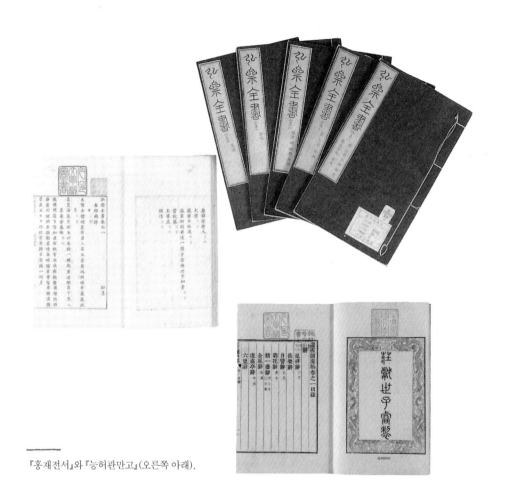

『홍재전서』와『능허관만고』(오른쪽 아래).

弘齋全書』, 장헌세자莊憲世子(思悼世子)의『능허관만고凌虛館漫稿』, 순조純祖의『순재과정純齋課程』과『순재고純齋稿』, 익종翼宗(순조의 아들 효명세자로 나중에 왕으로 추존되었다)의『경헌시초敬軒詩抄』와『학석집鶴石集』, 한글본『학석집』,『담여헌시집淡如軒詩集』,『경헌집敬軒集』, 철종의『원헌고元軒稿』, 고종의『중재고中齋稿』와『주연집珠淵集』등이 모두 임금의 문집이다.

통치술로서의 한시

조선시대 임금들은 즐겨 시를 지었다. 1776년 간행된 『열성어제』에는 세조의 시가 59편, 싱종의 시기 204편, 선조의 시가 63편, 효종의 시가 103편, 숙종의 시가 816편, 영조의 시가 831편 수록되어 있으며, 학문과 문학을 사랑하여 사대부적 교양까지 겸비한 정조는 438수의 한시를 남기고 있다. 폐위되어 『열성어제』에 그 시가 수록되지 못한 연산군의 시는 『연산군일기』에 수록되어 있는 것만도 80편을 넘어서고 있다.

유학을 국시로 표방한 조선에서는 임금이 시를 짓는 일이 무척 부담스러운 문제였다. 제왕학帝王學의 교과서라 할 진덕수陳德秀의 『대학연의大學衍義』에는 진후주陳後主와 수양제隋煬帝를 예로 들어 임금과 신하가 문학으로서로 어울리고 경쟁하다가 결국은 나라를 망하게 하였으므로 제왕은 문학에 힘을 쏟아서는 안 된다고 분명히 적고 있다. 세종 2년(1420) 『대학연의』 인쇄를 위한 활자를 따로 주조했다 하니, 거의 개국 초기부터 역대 임금들은 이 책을 읽었을 것으로 추정된다.

성리학을 이념으로 하는 문인들이 『대학연의』에 의거하여 임금이 시를 짓는 것을 끊임없이 비판했지만, 조선시대에는 특히 시라는 것이 정치술과 긴밀하게 연결돼 있었기에 임금들은 정치적인 목적에서 시를 많이 지었다. 곧 임금이 신하와 시를 주고받는 일은 고도의 통치술이었다. 임금이 직접 시를 지어 신하에게 주면 신하는 이를 무한한 영광으로 여겨, 자신의 집에 따로 임금의 시를 받들어 모시는 건물까지 마련했을 정도다. 임금이 글을 지어 내리는 일은 충성을 이끌어내기 위한 한 방편이었다. 통치권자가 잔치를 베풀고 여기에 더해 정성이 깃든 선물을 주어 정서적인 소통을 이뤄나가

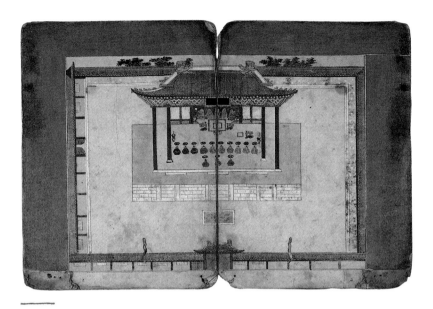

영조 17년(1741)에 경희궁 경현당에서 열린 왕과 승정원 승지들의 시 경연 모습.

는 일은 동서고금 정치 현실에서 쉽게 목도할 수 있는 일이기도 하다.

　이러한 전통을 따라 특히 정변을 통해 왕위에 올랐거나 왕권을 강화하고자 한 임금들은 뜻을 함께해 권력을 잡은 신하들을 결집시키는 데 한시를 적절하게 이용했다. 스스로의 무력으로 왕위에 올랐던 태종과 세조가 그러하였다. 태종은 자신과 정치적 운명을 함께한 공신들과 더불어 시를 제작함으로써 공신을 예우하는 문자 정치를 자주 폈다. 세조 역시 마찬가지다. 왕위에 오르기 전에 활갑에 새긴 시를 훗날 왕위에 오른 후 연회석상에서 신하에게 보이면서 "내가 즐겨서 이러한 잔치를 하려는 것은 아니다. 경들은 모두 나의 공신으로 나를 오래 좇았다. 이제 군신의 예절에 막혀 상하의 정이 통하지 않을까 우려한다"라 하였다.

국가의 공식적인 연회에서 임금과 신하가 어울려 시를 주고받는 일은 중국 고대 이래의 전통이었다. 임금이 연회를 베풀어 신하를 위로하고 시를 내리는 전통은 『시경詩經』의 「녹명鹿鳴」이나 「황황자화皇皇者華」에서 확인된다. 이들 작품은 천자가 신하들이나 귀한 손님을 불러 잔치하든가, 사신을 보내거나 위로하는 노래였다. 이 전범을 활용하여 조선의 임금들은 국가를 위해 공을 세웠거나 중요한 일을 하러 나가는 신하를 위로하는 차원에서 잔치를 베풀고 시를 지어 주었다. 그러면서 위로와 동시에 신하들에게 학문과 문학에 힘쓰도록 권려하는 효과도 함께 지닐 수 있었다.

조선시대 대부분의 임금은 이러한 연회 정치에 능하였거니와 호학의 군주 세종도 그러하였다. 세종은 집현전 학자들로 하여금 『자치통감훈의資治通鑑訓義』라는 역사서를 편찬하게 한 후 그들을 위로하는 잔치를 베풀었다. 그리고 이색李穡, 정몽주鄭夢周 등 앞선 왕조 인물의 경학經學을 두고 칭찬하면서 "지금은 어찌하여 훈고訓詁(한문 자구를 해석하는 일)를 바르게 하는 사람이 없는가? 유생들이 시학詩學을 좋아하지 않는 것은 오로지 내가 시학을 숭상하지 않기 때문이다. 문학은 말단의 기예이니 후세에 혹 아무 시대에는 시학을 숭상하지 않았다고 말하더라도 해될 것은 없다. 그러나 예전의 성현들로서 시부詩賦에 겸하여 능하지 않은 이가 없었다. 나 역시 시학에 뜻이 있다. 위에서 좋아하는 이가 있으면 누가 좋아하지 않겠는가?"라 하였다. 그리고 잔치에 참석한 문신들로 하여금 각각 시를 짓게 하였다.

세조는 유학을 흥기하기 위해 한시를 이용했다. 문학과 예술에 뛰어났고 또 시문과 서화에 뛰어난 인물을 측근으로 모았던 아우 안평대군安平大君을 제거하고 왕위에 오른 세조는 문학보다 경학에 뛰어난 인재를 양성하려 했지만 오히려 그 수단으로 시를 이용했다. 세조는 성균관을 소재로 한 시 다섯 편을 짓고 성균관 유생들로 하여금 형식에 구애되지 말고 유학과 관련한 제목으로 자유롭게 시문을 짓게 하였다. 또『논어論語』에 나오는 "정사를 공경히 하고 신의를 지키며 용도를 절약하고 백성들을 사랑하며, 백성들을 때에 맞추어 부려야 한다敬事而信 節用而愛民 使民以時"는 구절로 문신들에게 시를 짓게 하고는 직접 등급을 매겼으며, 유학의 핵심적인 개념인 인의예지仁義禮智를 제목으로 하여 시를 지어 올릴 것을 명한 바 있다. 이처럼 연회정치를 통하여 시학과 문학을 흥기하려 노력은 조선시대에 지속적으로 이루어졌다.

음풍농월과 문자정치

아름다운 풍광을 보고 가슴에 떠오르는 흥을 적는 것이 시의 본령일진대, 시를 사랑하는 사람이 정치와 바로 연결되는 내용만을 시에 담고자 하지는 않는다. 어릴 때부터 교양으로서 문학 교육을 받은 임금에게 자연스런 감정을 드러내는 시를 짓고자 하는 욕구가 없을 수 없다. 특히 조선 왕족의 피에는 예술가적 열정이 배어 있었다. 안평대군과 월산대군月山大君처럼 왕위에 오르지 못한 왕자들의 예술적 · 문학적 재능은 익히 알려져 있다. 장인 한명회韓明澮의 비호를 등에 업고 왕위에 오른 월산대군의 아우 성종 역시 문학과 예술을 사랑한 임금이다.

성종은 사적인 관계에 있는 형과 장인을 위해 많은 시를 지었다. 또 서강에 있던 월산대군의 정자 풍월정風月亭과 동호에 있던 한명회의 압구정鴨鷗亭에 붙일 시를 지어 내리고, 신하들로 하여금 그 시에 답을 하게 하여 거대한 시축을 만들기까지 하였다. 문학이 아닌 유학을 출신의 수단으로 삼은 신진사류新進士類들은 이를 거세게 비판했다. 임금이 '문학 나부랭이'에 빠

성선, 압구정, 비단에 채색, 31×20cm, 간송미술관 소장.

져 정치를 해친다고 한 것이다. 특히 상중에 있던 성종이 월산대군에게 지어준 시 중에 "배에다 풍악을 싣고 뜻대로 오간다船載笙歌意裏移"라는 구절을 두고 후세의 놀림이 될까 두렵다면서 젊은 성종을 몰아세웠다. 성종은 사대 외교를 위하여 문학에 능한 선비를 양성해야 하고 이를 위해서는 임금이 솔선해서 시를 지어야 한다고 강변했다. 1478년 신하들에게 시를 지어 올리라면서 내린 제목 '오늘의 태평세월 취한들 어떠리?昇平今日醉無妨'를 보면, 성종의 마음에 있던 태평세월 시로 즐기고자 한 뜻을 확인할 수 있다.

성종의 피를 받은 연산군은 부친보다 시를 더 좋아했다. 세자로 있던 시절 김응기金應箕라는 신하가 세자 연산군이 오만방자한 태도를 보이자 성종이 문학을 좋아하는 데서 비롯할까 걱정이라 하였는데 이 우려는 사실로 드러났다. 시를 사랑하기는 했지만 유학으로 무장한 신하들의 눈치를 보지 않을 수 없었던 성종과는 달리, 연산군은 무오사화를 거치면서 왕권을 확실하게 굳힌 다음 시와 술에 탐닉하기 시작했다.

1496년 대비전에 잔치를 베풀면서 연산군은 "마음껏 취해 돌아오니 달이 물결과 같네酩酊歸來月似波"라는 시구로 제목을 내리고서 "각기 시를 지어 들이라. 성리학을 읽지 않고 음풍농월 하는 것이 임금의 일이 아니지만 역시 할 만한 때도 있다. 옛글에 용도를 절약하여 백성을 아낀다 하였지만 어찌 이 말처럼 할 것인가? 경들은 마음껏 마시라"라고 하였다. 또 잔치 자리에서 스스로 북을 치고 노래하며 춤을 추었다. 여러 신하도 함께 노래하고 춤추게 하고는 지저분한 손으로 신하의 사모를 벗겨 머리털을 움켜잡고서 희롱하며 욕을 보였다. "옛적부터 호걸스러운 제왕이 풍류와 여색에 빠진 자가 많았으나 국가의 흥망이 이에 있지 않았다" "국가의 안전과 위기는 신하가 충성스럽고 간사하기에 달려 있는 것이니, 당나라 때의 난리도 풍류나 여색에 연유한 것이 아니다"라고도 하였다. 흥청망청이라는 말은 바로 이때 나온 것이다. 연산군은 음악에 뛰어나면서도 미모가 으뜸가는 기생을 뽑아 궁중의 악대로 편성해 그 이름을 운평運平이라 하였고, 운평 가운데 왕의 사랑을 받으면 흥청興淸이라 하였다. 흥청망청한 분위기에서 술과 시를 즐기는 것이 연산군의 일과였다.

연산군은 시를 짓고 이해하는 데 매우 뛰어났고 대단한 자신감 또한 지니고 있었다. 그리하여 연산군은 시로 음풍농월을 하는 한편, 자신이 능한 시를 이용하여 문자 정치를 펼쳤다. 무오사화를 일으킨 후 연산군이 신하들에게 시를 내리거나 짓게 하고는 그 시로 신하의 복심을 살피는 한편 이를 이용해 벼슬을 주거나 빼앗거나 귀양을 보내기도 하였다. 예를 들면 '참소

군신 간에 술과 음악을 즐기며, 어필로 시제를 내어 짓곤 했는데, 그림은 1560년 왕이 신하들에게 베푼 연회의 장면(부분), 서총대시연도, 고려대박물관 소장.

로 인하여 친한 이가 원수가 된다' '비명에 살해되다' 등의 제목으로 시를 짓게 하였다. 심지어 중국의 고사를 들어 "첩이 참소하는 것을 살피지 않고 왕후를 폐위시킬 적에 조정 신하들이 자기의 삶을 돌아보지 않고 기어코 간하는 것이 옳겠는가? 죽음을 애석하게 여겨 순종하는 것이 옳겠는가? 사람에 구애하지 말고 명확하게 의논하여 아뢰라" 하면서 이를 제목으로 하여 시문을 짓게까지 하였다. 폐비 윤씨를 죽음으로 내몰았던 신하의 마음을 떠본 것이다.

소통과 화합의 시학

연산군의 문자정치는 중종반정으로 끝이 났다. 조광조趙光祖 등 성리학을 이념으로 하는 사림들이 정권을 잡은 후 임금이 시를 짓는 일은 사림정치에서 용인되기 어려웠다. 보필하는 신하들은 중종에게 시를 가까이하지 못하게 했다. 제왕의 학문은 문장이나 구절을 따다가 글을 짓는 데 있지 않고, 역대의 선악善惡과 사정邪正을 거울로 하여 법계로 삼을 뿐이라 하였다. 특히 사림이 차츰 득세하면서 조강이나 경연에서 임금으로 하여금 성학聖學을 하도록 유도했다. 명종 이후 사림이 조정의 중심 세력이 되면서 임금이 국가의 공식적인 행사에서 직접 시를 짓는 일은 사라졌다.

임금 자리에 있으면서 공식적으로 시를 짓는 일은 숙종에 이르러서야 다시 나타났다. 숙종대부터 당쟁이 가열되는 것은 이것과 관련 있다. 임금과 신하의 소통을 위해 함께 시를 짓는 전통이 부활한 것이라 할 수 있다. 특히 숙종은 국정에 자신감을 보이면서 정치에 적극적으로 시를 활용했다. 홍문관 등에 술과 함께 시를 지어 내리고 이에 답하는 시를 올리게 하는 전통을 다시 열었다. 유생의 상소에 대해서도 직접 답과 함께 어제시를 내렸다. 사림이 득세한 시절에 임금이 시를 짓는 일을 극구 반대하던 신하들조차 숙종의 이러한 행동을 두고 오히려 찬사를 보냈다. 임금과 신하 사이 상하의 정을 통하게 하는 어제시의 기능이 임금과 백성의 영역에까지 나아간 것이라 할 만하다. 즉 어제시라는 광영을 베풂으로써 신민의 충성을 유도한 것이라 하겠다. 숙종은 여기서 더 나아가 자신이 지은 시를 목판에 새겨 도처에 걸거나 돌에 새겨 여러 사람이 볼 수 있게까지 하였다. 임금의 시에 대한 자부가 이런 지경에까지 이른 것이다. 숙종이 공식적인 공간인 대전大殿에서 시를 지어 내리는 일이 일상이 되었을 성노다.

숙종이 임금과 신하의 소통을 위해 시를 적극 활용한 전례는 영조와 정조에게 그대로 계승되었다. 극심한 당쟁을 경험하여 탕평책蕩平策을 내세웠던 영조에게도 한시는 중요한 통치의 방편이었다. 영조는 즉위한 지 얼마 되지 않은 시점부터 신하에게 관직을 임명하는 자리에서 술과 함께 직접 지은 시를 내리고 이에 화답하게 함으로써, '어제'라는 광영을 통해 상하의 정을 돈독히 하고자 했다. 늙은 신하들이 벼슬을 그만두고 물러날 때에도 영조는 늘 시를 내려 그 노고를 치하했고 한밤에 함께 공부를 마친 신하에게도 시를 내려 개인적 연대를 강화했다. 어떤 때에는 신하들이 자신의 뜻을 따르지 않으면 강개한 심정을 담은 시를 지어 그들에게 보임으로써 자기 뜻을 관철하기 위한 수단으로도 삼았다.

강한 신하들의 견제를 받으면서 왕위에 오른 정조 역시 자신을 지지하던 신하들과 유대를 강화하기 위해 한시를 적극 이용했다. 정조 때의 성사로 기록되고 있는 『태학은배시집太學恩杯詩集』이 바로 이러한 의식에서 나온 것이다. 이 책은 정조가 1798년 12월 10일 성균관에 나아가 시험을 보이고 『시경』「녹명」에 나오는 "나에게 좋은 손님이 있네我有嘉賓"라는 구절을 은배銀杯에 써서 하사하고 어제를 내렸는데, 이에 249명의 성균관 유생과 33명의 신하들이 지어 올린 시문을 엮은 것이다. 신하들에게 술잔을 내리는 전통은 태종 때 비롯했는데, 세종이 백준화종白樽畵鍾이라는 이름의 술잔을 하사하자 신하들이 다투어 시를 지어 그 사실을 노래하면서 본격적인 관례가 되었다. 또 효종이 성균관 유생이 올린 시문에 답하여 은배 둘을 하사한 바 있다. 이러한 고사를 이어 자신의 체취가 묻은 술잔에 임금과 신하의 소통을 상징하는 시 「녹명」을 새겨 하사하였다. 그 정치적인 의도는 절로 짐작이 된다.

정조는 자신의 측근들과는 연구聯句를 자주 지었다. 『홍재전서』에 연구가 많은 것도 바로 이 때문이다. 한시의 역사에서 연구라는 형식은 임금과 신하의 화합과 소통을 위한 것이다. 한무제漢武帝가 신하들과 어울려 시구를 주고받으면서 함께 한 편의 시를 완성했는데, 이를 연구라 하고 그러한 잔치를 벌였던 장소를 따서 백량대체柏梁臺體라고도 한다. 조선초기에는 태종 등의 임금이 신하들과 어울려 연구를 자주 지었지만, 임금이 시를 짓는 것이 부정된 중기에는 이러한 연구도 거의 사라졌다. 그러다가 숙종연간부터 다시 연구가 많아진다. 정조 역시 왕위에 오르기 전부터 자신을 보좌하는 서명응徐命膺 · 오재소吳載紹 등 측근들과 연구를 지었거니와 왕위에 오른 후에도 연구라는 공동의 시작을 통해 규장각 각신들과 어울려 시를 지음으로써 임금과 신하의 화합과 소통을 도모하였던 것이다.

使人長智莫如學若玉求文
必待琢經書奧旨于誰問師
傅宜親不厭數
時乙未至月四日也

肅宗大王御筆

사람이 지혜를 기르려면 배움만 한 것이 없는 법
옥의 문채 찾으려면 꼭 절차탁마가 필요하다네
경서의 깊은 뜻을 누구에게 물어야 하겠는가?
사부 가까이하여 자주 묻기 싫어해선 안 된다네
使人長智莫如學 若玉求文必待琢
經書奧旨誰問 師傅宜親不厭數

숙종이 1715년 12월 4일 쓴 작품이다. 조선시대 임금도 교양을 갖춘 지식인으로, 정치적인 목적이 아닌 개인적인 정감을 한시로 노래하였다. 일반 사대부처럼 흥이 일면 시를 짓지만, 임금이라는 특수한 지위에서 자유로울 수는 없으므로 음풍농월에 그치지 않고 감계적인 내용을 담을 때가 많다. 이 시 역시 그러하다. 지혜를 기르는 데 배움이 가장 중요한 방법이니, 마치 아름다운 옥을 만들려면 절차탁마가 필요한 것과 한가지다. 배움을 위해서는 스승을 늘 가까이 하여 자주 물어보아야 한다는 뜻을 담았다. 숙종은 시뿐만 아니라 글씨에도 매우 뛰어났다. "책을 읽는 것은 산을 오르는 것과 같아, 언덕과 골짜기의 아름다움을 모두 보아야 한다"는 뜻이다.

왕의 학문,
제왕학

◉

『정관정요』에서 『성학집요』로

정재훈 · 서울대 인문학연구원 HK연구교수

승려에서 유학자로 국왕의 스승이 바꿔다

조선시대의 국왕은 어떻게 공부를 했을까? 또 국왕들이 중요하게 여긴 학문이나 책은 무엇이었을까? 이 질문은 매우 흥미롭다. 막연하게 생각하면 조선시대 국왕들은 유학의 고리타분한 경전과 관련이 있을 법도 하지만, 구체적으로 국왕들이 의지한 책이나 행동 기준으로 삼은 제왕학이라는 것이 있었을까 하는 궁금증이 자연스레 일어난다.

조선시대의 최고 지도자인 국왕도 당시의 가치관에 따라 교육을 받고, 통치하는 데서 예외가 아니었다. 국왕에게 적용되었던 가치관이나 기준은 오히려 더 엄격했다. 일반 백성이 국왕의 예절을 보고 배울 수 있기 위해서는 국왕의 언행 하나하나가 그 시대를 이끌어가는 최고의 이념을 담고 있어야 했기 때문이다.

고려시대에는 국왕을 가르치는 왕사王師나 국사國師를 불교의 승려가 맡았다. 불교가 고려의 국가 종교이고 최고의 정신적 가치였기 때문에 이는

성균관친림강론도, 지본
채색, 111.4×49㎝, 19세
기 후반, 고려대박물관 소
장. 국왕이 행차하여 유생
들의 공부 상황을 살피고
강의를 펼치며 문답을 시
행하곤 했다.

세종과 집현전 학사들의 학문적 토론이 이뤄졌던 집현전(현 경복궁 수정전).

자연스런 현상이었다. 반면 고려왕조를 부정하고 세운 역성혁명의 국가 조선은 불교를 '왕좌'에서 끌어내리고, 당시로서는 젊고 진취적이며 현실적인 '학문' 성리학을 지도 이념으로 선택했다. 왕사 혹은 국사에 해당하는 역할은 자연스럽게 유학자에게 돌아왔다. 왕조 교체의 과도기에 해당하는 태조와 태종 때에는 승려를 왕사로 두기도 했지만 세종 이후로 승려는 더이상 정신적 지도자의 역할을 할 수가 없었다. 조선은 성리학의 지위를 더욱 확고하게 만들기 위해 고려의 경연經筵제도를 재정비해서 본격적으로 시행했다.

조선시대 경연은 국왕이 학문을 배우고, 국정을 논의했던 자리다. 경연이라는 단어에서 드러나듯 항상 유학의 경전을 먼저 읽고 배웠으며, 그것이 끝난 이후에야 부가하여 국가의 주요 현안이 논의되기도 했다. 왕이 판단을 내려야 할 때에는 언제나 유가의 경전이 그 기준을 제시했다. 즉 유학 경전이 제시하는 바의 원칙을 현실에서 어떻게 구현하는 것이 좋은지를 놓고 토론을 벌였다.

국왕만이 아니라 국왕에 오르기 전인 세자, 혹은 왕자들에 대해서도 조선 특유의 성리학 교육 시스템이 가동되었다. 특히 세종연간에는 학문 연구 기관이었던 집현전이 자연스럽게 국왕의 교육인 경연을 담당했고, 이어 왕자 교육에서도 중요한 역할을 수행했다.

유학자들이 국왕을 가르쳤으니 학문의 성격 역시 성리학에 크게 벗어나지 않았다. 하지만 경우에 따라 국왕의 개성이 발동해서 성리학과 거리가 있는 학문도 제왕학으로서 관심 대상이 되기도 했다. 병서兵書를 읽기도 했고, 『주역周易』과 같이 변화의 원리를 담은 책을 주목하기도 했다. 심지어는 세조의 경우처럼 경연을 폐지하고 자신이 직접 신하들을 가르치기도 해 경연의 취지와는 전혀 반대되는 현상이 나타나기도 했다. 하지만 이러한 원칙을 부정한 국왕들의 출현은 찻잔 속의 태풍으로 그칠 수밖에 없었다.

『정관정요』에서 『대학연의』로

고려 말에 수입된 성리학은 새로운 사상이었다. 기존의 지배 이념인 불교는 현실 정치사상으로는 근본적으로 한계를 지니고 있었고, 고려 유학 역시 기능적 문사를 배출하는 이상의 자기 역할을 하지 못했던 상황에서 성리학의 도입은 매우 중요한 사건이었다.

성리학에서는 기존의 국왕 중심 정치체제에서 보조적인 역할에 만족했던 사대부를 정치의 주체로 설정했다. 이와 함께 최고 지도자인 국왕에 대해서도 성리학적 수양론을 통해 성인聖人 군주로 만들고자 했다. 유학의 고전적 수양론인 내성內聖과 외왕外王은 성리학의 지침에 따라 더욱 세분화되고 강화되었다.

이러한 새로운 군주론의 등장은 성리학의 영향으로 변화된 천명론天命論과도 관련이 있다. 성리학 이전까지의 군주는 한漢·당唐 유학에서 뒷받침되었던 것처럼 절대적인 존재였다. 반면 성리학의 군주론에서는 끊임없이 수양修養할 것을 요구받는 인간적인 존재로 격하되었다. 국왕이 신의 대리인이 아니라 인간들의 우두머리라는, 그것도 수양을 통해 완성시키고 도달해야 하는 미완성의 우두머리라는 인식이 바로 성리학의 천명론에 다름 아니다.

종래 고려에서는 국왕의 교육을 위한 경연에서는 『정관정요貞觀政要』를 주로 읽었다. 이 책은 중국 당나라의 오긍吳兢이 지은 책으로서 당 태종이 가까운 신하들과 마주앉아 자신들이 함께 실행했던 정책이나 제도에 대해 그 득실을 문답식으로 논하고 그 결과를 모아서 엮은 책이다. 성군聖君으로 존숭을 받은 당 태종의 업적이 실린 책이기는 하나, 『정관정요』는 황제를 절대자로 설정해놓고 신하들은 이러한 절대자를 잘 보좌하며, 경우에 따라서는 정치적 조언을 함으로써 황제를 나쁜 길로 빠지지 않게 붙잡아주고, 정도를 걷게 인도한다는 특징이 있다.

'국왕 길들이기'를 위한 시어머니 역할을 자임한 성리학자들이 『정관정요』의 이러한 구도 설정에 만족할 리가 없었다. 『정관정요』의 틀 안에서는 국왕이 말을 사슴이라 할 경우에만 신하들의 강력한 제지가 가능했다. 이것으로는 왕을 성인聖人으로 만들 수 없었다.

성리학에서는 국왕이라는 최고 지도자에 대해 보다 주도면밀한 계획을 가지고 있었다. 이런 내용을 담은 책이 바로 『대학연의大學衍義』다. 『대학연의』는 주희朱熹의 재전제자再傳弟子인 진덕수眞德秀, 1170~1235가 저술

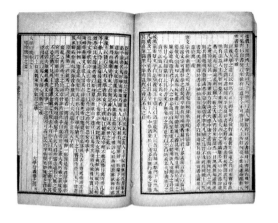

조선전기 제왕학의 지침서였던 『대학연의』.

한 것으로 『대학』의 뜻을 풀은 것인데, 역대 제왕의 사례를 『대학』의 순서대로 들면서 제왕학의 지침을 제시한 책이었다.

　『대학연의』에서는 격물치지格物致知 · 성의정심誠意正心 · 수신修身 · 제가齊家의 영역으로 나누어 역대의 역사적인 사례를 두루 제시하여 왕이 그길을 따라 수양의 보폭을 옮기게 했다. 그렇게 하면 나라를 다스리는 일〔治國〕과 천하를 태평하게 하는 일〔平天下〕이 자연스럽게 된다는 이론이다.

　이러한 내용의 『대학연의』는 고려 말부터 등장한 신진 사대부들에 의해 국왕 교육과 정치사상의 지침서가 되었다. 공민왕 때부터 경연에서 강의교재로 사용되었고, 조선에 들어와서는 태조 때부터 제왕학의 절대적인 교과서 역할을 하게 되었다. 그때까지 제왕학의 절대 고전이었던 『정관정요』는 역사 속으로 사라졌다. 한마디로 힘을 추구하는 패도覇道에서 윤리를 추구하는 왕도王道로 제왕학의 기준 교과서가 바뀌게 되었던 것이다.

성인의 눈으로 현명한 신하를 구하다: 『성학집요』

조선전기의 국왕들은 비교적 강력한 왕권을 행사했다. 전 왕조의 혼란을 수습하고 국가를 운영하기 위해서는 일시불란한 제도와 문물의 정비가 필요했기 때문이다. 또 어수선한 지방의 민심을 일시에 잠재우기 위해 조선은 강력한 중앙집권 제도를 구축하여 문제를 해결하려 했다. 이런 조건들이 맞아떨어져서 조선전기 국왕은 강력한 정치력을 발휘할 수 있었다.

특히 조선은 중국의 황제권이 관료제와 환관제 두 가지로 뒷받침된 것과는 달리 관료제에 의해 주로 지탱되었다. 환관들은 궁중의 깊숙한 곳으로 유폐되었고, 유교 특유의 군신君臣 의리가 그 자리를 홀로 지탱하고 섰다. 왕을 대적할 이는 오직 교육받은 유가의 선비들이라야 했다. 이러한 특징은 제왕학에서도 여실하게 드러났다.

『대학연의』는 앞서 지적한 것처럼 성리학적 제왕의 모델을 제시한 제왕학의 교과서였다. 그런데 이 책은 제왕을 중심에 두고 모든 정치를 풀어가는 특징이 있었다. 이른바 왕을 높이는 이러한 경향이 어느 정도 있었던 것이다.

예를 들어 『대학연의』에서 가장 중요하게 취급된 항목 중의 하나는 신하들을 구분하는 방법을 논하면서[辨人才] 그중에서도 나라를 도둑질하는 신하나 간신姦臣, 참신讒臣을 구분하는 것을 무엇보다도 비중 있게 다뤘다. '자기'한테 불리한 주제가 대화의 주요 테마가 되면 권력은 한쪽으로 기울기 마련이다. 군신의 관계라는 관점에서 본다면 신하들의 경우 철저하게 국왕에 의해 일방적인 선택의 대상으로 파악되었던 것이다.

『대학연의』에서는 성리학적 심학心學을 충분히 수련해 끊임없이 성왕이 될 것을 요구받는 존재로 군주를 설정함으로써 군권君權을 제한했다. 그러나 다른 한편으로『대학연의』에서 제시된 '성학聖學'은 군주 개인의 수신 논리로 그쳤다. 그러니 내용이 짧을 수밖에 없다. 그 외의 부분들은 한나라와 당나라를 포함한 역사적인 사례를 통해 정치적인 사안들을 처방하고 있었다. 한당 시기는 황제의 권위가 신하들을 압도했던 때였기에『대학연의』는 최고 지도자의 권한을 어느 정도 보장해주는 안전판이 있었던 셈이다.

이러한『대학연의』의 특징은 조선전기에 강력했던 국왕권과 어느 정도 상통하는 측면이 있다. 경연에서는『대학연의』의 구체적인 사례가 검토되었고, 실제 정치를 운영하는 데에 자주 활용되었다. 가령 조선전기에 끊임없이 생산되어 시대를 주도했던 공신功臣들을 그 예로 들 수 있다. 주로 국왕이 자신의 측근 세력을 구축하기 위해 책봉했으니 강력한 군권이 존재했기에 가능했던 것이다. 쉽게 말하면 정부의 관료들이 연공서열과 공적에 따라 차례차례 진급하는 것이 아니라 국왕의 결정에 따라 하루아침에 운명이 바뀌는 경우가 많았던 것이다.

하지만 강력한 왕권을 중심으로 운영되었던 조선전기의 정치체제는 곧 그 한계를 드러냈다. 훈구파의 각종 정치경제적 비리로 인해 망국에 가까울 정도의 모순에 휩싸이게 된 것이다. 이러한 혼란에 대해 문제제기를 하면서 등장한 이들이 사림파다. 오늘날로 따지면 사림파는 대통령을 견제하는 국회의 야당쯤 되는 사람들이다. 반면 훈구파는 왕을 보좌하는 청와대와 핵심 정부 부서의 사람들이다. 사림파는 독립적인 정치 행위자이지만 훈구파는 왕에게 의존하는 비독립적인 정치 행위자다. 이런 사림과 훈구가 크게 한 판을 붙어서 조선정치에 사화士禍의 피바람이 불었다. 그리고 결과적으로 사림은 패배한다.

이것이 제왕학에도 변화를 가져왔다. 사림들은 자신들의 정치적 패배를 회복하는 방법으로 이전 체제를 근본적으로 반성하기 시작했다. 이것은 주자 성리학의 근본으로 돌아가자는 구호와 함께 그에 입각한 새로운 정치의 구상으로 이어졌다. 최고 지도자인 국왕에 대해서도 '성학聖學'이라는 이름의 새로운 이론을 정립했다. 이름은 같았지만 그 내용은 기존의 성학과 미묘하면서도 큰 차이가 있었다.

원래 유교정치의 이상적인 형태는 왕통王統과 도통道統이 잘 결합된 상태가 삼대三代를 이어나가는 것이라고 할 수 있다. 그런데 유학자들이 보기에는 왕통과 도통이 분리됨으로써 모순이 발생했다. 당연히 조선중기에 접어들면 왕통과 도통의 조화와 회복이 중요한 과제로 등장했다. 물론 여기에는 중국의 영향이 컸다. 송대宋代의 성리학자들도 분리된 도통과 왕통을 잇는다고 자부했으며 그에 따라 제왕학의 교과서를 만들어냈다. 유교국가의 건설을 위해 국왕 교육을 다시 강화한 것이다.

앞서 『대학연의』에서는 성학이 국왕에게만 요구된다고 했다. 반면 새로운 성학에서는 도통의 기준이 국왕에게만 적용되는 것이 아니라 만민에게 적용됐다. 누구나 성리학 공부를 통하면 성인이 될 수 있다는, 보기에 따라서는 민주적이기도 한 생각이 성학의 중심에 자리를 잡았다. 이제 왕은 자신의 언행만 신경 쓰는 것을 넘어 백성들의 언행의 올바름도 책임져야 했다. 쉽게 말해 『대학연의』의 제왕학이 왕에게 노타이의 정장을 원했다면, 조선중기에 등장한 새로운 제왕학은 넥타이의 정장을 요구한 것이다. 조선중기에 성리학을 가장 잘 이해하고 독창적 이론을 제시한 퇴계 이황과 율곡 이이가 이러한 성학에 대한 이론서인 『성학십도聖學十圖』와 『성학집요聖學輯要』를 제시했다는 것은 의미심장하다.

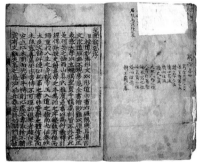
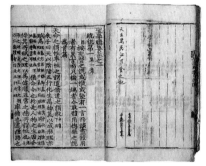

조선중기의 제왕학 교과서였던 『성학집요』.

　　사림이 중앙 정계를 완전히 장악한 선조 때에 이이는 『성학집요』를 왕에게 바쳐서 제왕학의 기준으로 삼을 것을 요청했다. 이것은 『대학연의』를 대신하여 사림들이 제시한 제왕학의 결정판이었다. 『대학연의』에 남아 있던 제왕 중심의 관점을 완전히 해소하여 『성학집요』에서는 철저하게 사대부가 제시한 제왕 상이 표현되었다. 제왕, 즉 국왕 역시 성리학의 일반적인 기준에서 벗어나는 존재가 아니라는 점을 분명하게 했다.

　　즉 『성학집요』는 존군尊君 논리의 고취가 아니라 군주를 사대부의 일원으로 위치지어 사대부 논리의 실현자로 설정하고, 그 안에서 사대부의 논리를 따라야 하는 존재로 만들었던 것이다. 그렇기에 군주권의 일정한 제한이 아니라 군주권의 원초적인 한계를 분명히 설정함으로써 자의적인 군주권 행사를 애초에 방지하는 의미가 있다고 할 수 있다. 따라서 『대학연의』의 군권 제한에 비해 『성학집요』에서는 단계를 달리하는 측면이 있다고 할 수 있다.

『성학집요』에서 제시된 제왕학은 입지立志 → 구현求賢 → 위임委任의 논리로 구성되었다. 이에 따르면 국왕은 성인이 되고자 뜻을 세워 열심히 수양을 해서 성인의 인격을 갖추어야 한다. 그리하여 달성된 성인의 눈으로 현명한 신하를 구하고, 결국 이들에게 정치를 위임하여 통치의 동반자로 삼아야 한다는 것이 핵심이었다. 이러한 성학론은 사실 기묘사림己卯士林 이래로 사림들이 지속적으로 추구한 제왕학의 핵심이었다. 조선중기에 붕당정치가 실현될 수 있었던 근저에는 이러한 사림의 성학론에 기반한 제왕학이 전제되어 있었다. 또 붕당정치를 넘어서 사림이 정국을 좌지우지하게 되는 산림山林정치의 출현 역시 이러한 성학론에 입각한 제왕학이 배경에 깔려 있었다. 왜냐하면 산림은 곧 세자 시절 국왕의 스승이었던 경우가 많았기 때문이다.

이러한 성학론이 제시됨에 따라 조선중기의 국왕은 성학을 준수해야 하는 의무를 지니게 되었다. 경연에 꼬박꼬박 참여해야 했으며, 지난달에 배운 내용을 체크하는 쪽지시험도 치러야 했다. 물론 통과 기준은 더 엄격해졌다. 조선전기에 국왕 의례로서 행해졌던 강무講武가 사라지고, 심지어 국왕은 수양에 방해된다 하여 서예나 회화 같은 예술에 대한 관심마저 제한받았다.

정조의 제왕학: 『대학유의』

조선중기의 국왕에게 제시된 성학은 사실 중국에서 발전한 정치사상 이론이었다. 주자 성리학에서 이상으로 삼았던 붕당정치론에 입각하여 제왕학을 파악한 것이었다. 중국에서는 남송 때에 일부 이러한 붕당론이 현실화되어 실현되기도 했으나 그 이후 원나라와 명나라를 거치면서 황제는 절대적인 권력을 휘두르게 되고 유학의 성학론은 점점 현실과는 멀어져갔다. 비록 원나라나 명나라에서도 『대학연의』가 읽히기도 했지만 성리학적 제왕상과는 거리가 있었다.

그에 비해 조선에서는 중기에 들어 『대학연의』보다도 훨씬 강력하게 군권을 제한하는 논리가 발전해 중국에서보다도 훨씬 강력하게 실천했다. 이 결과 붕당정치가 활성화되기는 하나 지나친 붕당 간의 대립은 역으로 붕당의 존재를 부정하는 결과로 나타나기도 했다. 붕당 간의 대립이 극에 달한 결과 하나의 붕당이 정치권력을 독점하게 되었고, 이에 위협을 느낀 왕권 측에서는 신하들을 골고루 등용한다는 탕평으로 맞서게 되었다.

탕평정치를 추구한 숙종 이후 영조와 정조는 종래 신하들을 중심으로, 혹은 신하들에 의해 제시된 성학론을 자신들이 감당하고자 했다. 왕통과 도통을 합치려고 하는 주체나 방법을 신하들에 의지하지 않고 왕이 직접 '칠판' 앞에 서서 왕통과 도통을 합치하겠다고 선언한 것이었다. 이른바 '군사론君師論'이다. 그것으로 왕통을 담당한 국왕이 성리학의 도통까지 겸함으로써 그야말로 삼대의 이상 군주를 실현할 것을 자임했다. 정치적·학문적 실천의 고리를 왕이 직접 주관하니 신하들은 다시 평가의 주체에서 객체로 되돌아갔고, 탕평책은 국왕이 모든 신하들 위에 서서 신하들을 조정하는 제도적 장치가 되었다.

　변화된 국왕의 제왕학을 보여주는 제왕학의 교과서 역시 정조 때에 편찬된『대학유의』에서 볼 수 있다. 이 책은『대학』에서 시작한 제왕학과 이를 성리학적 제왕 상으로 보충한『대학연의』, 그리고 국왕 주도의 정국 운영에 치중한『대학연의보大學衍義補』를 모두 합한 책으로 정조의 제왕학을 보여주는 대표적 사례다. 정조는 조선중기에 신하들이 요구한 성리학적 제왕 상에 국왕으로서의 자신의 위상을 덧붙여, 군사君師로서 제왕을 완성하려고 한 것이다.

조선은 비록 중국과는 달리 제후국을 표방했지만 최고 지도자에 대해 갖는 유교적 전망이나 성리학적 의도는 중국과 크게 다르지 않았다. 제왕학의 역사는 왕통과 도통, 왕권과 신권, 붕당과 붕당이 복잡하게 얽힌 갈등의 역사이기도 했다.

　다만 제왕학의 주도권을 둘러싼 이러한 갈등은 지배층 내부만의 것은 아니었고, 궁극적으로는 국가를 어떻게 다스릴 것인가, 주도 계층을 어떻게 설정할 것인가의 방법을 둘러싼 고민이었다. 그런 고민 덕분에 일반 백성의 삶도 제왕학이 정비되는 과정에 따라 어느 정도 영향을 받았고, 때로는 개선되는 측면이 적지 않았다고 할 수 있다.

임금이 사는 집, 궁궐

◉

성리학적 수양관, 건축으로 표현되다

장지연 · 경인교대 강사

궁궐은 임금이 거주하며 다스리는 곳이다. 즉 자연인으로서 임금이 살고 생활하는 장소인 동시에, 정치인 임금이 정치 행위를 펼치는 공간이라는 뜻이다. 그런데 이 두 가지는 따로 똑 떼어내서 구별할 수 있는 것이 아니었다. 특히 성리학을 국시로 했던 조선사회에서는 분리되지 않은 정도가 아니라 그것이 서로 긴밀하게 연속되어 있어야 했다. 자연인인 임금의 생활방식 하나하나는 바로 그의 정치 운영과 떼려야 뗄 수 없는 관계였던 것이다. 그렇다면 조선의 궁궐, 그 속에서 군주들은 어떻게 살고 어떻게 정치를 펼쳤던 것일까? 그것은 우리의 상상과 얼마나 차이가 있고 얼마나 일치하는 것일까?

궁궐에서 태어난 임금은 몇 명이나 될까?

조선의 궁궐은 대표적으로 다섯 개가 있다. 법궁인 경복궁, 동궐로 불렸던

운현궁은 고종이 태어나서 열두 살 때까지 성장한 집이다. 이렇게 왕이 되기 전에 살았던 곳을 '잠저'라고 한다. 이러한 잠저는 별궁으로 만들어졌는데, 인조의 잠저였던 어의궁, 효종의 잠저였던 용동궁 등이 대표적이다. 별궁은 왕실 가례의 준비 공간이 되기도 하여, 간택된 왕비나 왕세자비가 머물며 가례를 준비하고 행하는 곳이 되었다. 운현궁 노락당에서는 고종비인 명성왕후의 삼간택이 이루어지고, 가례가 행해졌다.

이궁인 창덕궁과 창경궁, 서궐로 불렸던 경희궁, 그리고 요즘은 덕수궁이라 불리는 경운궁이 그것이다. 이 다섯 개의 궁궐이 동시에 존재했던 시기는 10여 년밖에 되지 않는다. 다섯 궁궐이 동시에 존재하려면 일단 임진왜란 때 불타서 조선후기 내내 빈 터로 남아 있었던 경복궁이 고종대에 중건되어야 했고, 아관파천(1897년) 이후 경운궁을 확장한 이후여야 한다. 또한 1910년대 일본인을 위한 중학교가 설립되면서 본격적으로 경희궁이 없어지기 이전이어야 하니, 기껏해야 10여 년 남짓한 시기뿐이다.

그런데 더 황당한 사실은 스물일곱 명의 조선 임금 중 이 다섯 개 궁궐에서 태어난 사람은 기껏해야 14명 정도밖에 안 된다는 것이다. 이런! 도대체 임금들이 궁궐에서 태어나지 않았다면 어디서 태어났다는 것인가?

이런 의문은 조선시대 군주들의 면면을 자세히 살펴보면서 해소할 수 있다. 일단 조선초기의 군주들—태조, 정종, 태종—은 함흥에서 태어났다. 조선의 수도 한양에서 태어난 최초의 임금은 세종이다. 궁궐에서 태어나지 않은 군주들은 아버지가 임금이 아니거나 적어도 이 사람이 태어났을 때에는 아직 임금이 아니었던 경우다. 언뜻 생각나는 대로 꼽아봐도 선조, 인조, 철종, 고종 등이 떠오른다. 이런 인물들은 사저私邸에서 태어난 경우인데, 임금이 태어난 곳인 만큼 그냥 놔둘 수는 없는 일! 이런 곳은 나중에 별궁別宮으로 만들어져 다른 일반 집들과는 구별되는 격을 유지했다. 가장 대표적인 곳이 바로 고종이 태어난 곳이자 아버지인 홍선대원군이 거주했던 운현궁이다.

별궁의 존재에서도 알 수 있듯이 궁宮은 그 종류가 생각 외로 많다. 경복궁, 창덕궁처럼 정말 군주가 생활하면서 정치를 펼쳤던 궁궐이 있는가 하면, 임금과 관계된 장소를 기념하여 일반 집과 구별지어 이름 붙인 궁도 있다. 그뿐만이 아니다. 산 사람이 아닌 죽은 사람을 위한 사당도 궁이라 불렸다. 사도세자를 위한 사당인 경모궁, 영조의 어머니를 위한 사당인 육상궁 등이 대표적인 곳이다. 왕실과 관련된 장소에는 이처럼 궁이라 이름 붙여 그 격을 달리한 곳들이 상당히 있었다.

다시 조선 임금의 출생지 얘기로 돌아가보자. 위에서 거론한 사람들은 개인 집에서 태어나고 어쩌고 해도 어쨌거나 조선 땅 안에서 태어난 것은 분명한데, 조선 군주 가운데 외국에서 태어난 사람이 있다. 바로 현종이다. 현종은 아버지인 봉림대군이 청군淸軍에 의해 심양으로 끌려갔을 때 거기서 태어난 인물이다. 요즘의 속지법屬地法으로 따진다면 현종은 조선인이 아니라고도 하겠다.

　이처럼 궁궐에서 태어난 군주들이 절반 정도밖에 안 되지만, 숙종부터 헌종까지 조선후기 임금들은 대부분 경덕궁(경희궁)이나 창경궁, 창덕궁에서 태어났다. 경종은 창경궁 취선당에서 태어났는데, 어머니인 장희빈이 취선당 마마로 불렸던 것에서 알 수 있듯이 그곳에서 주로 거주했기 때문일 것이다. 이처럼 출산 장소는 분명히 정해진 것은 아니었고, 그때그때 환경이나 여러 요소를 따져 괜찮은 장소에서 행해진 것으로 보이고, 왕손이 태어날 즈음에는 임시로 산실청을 두어 출산까지 무사히 마치도록 도왔다.

　출생 때부터 군주가 될 것으로 거의 예정된 사람이 있었는가 하면, 운명의 장난으로 군주가 된 자도 있었고, 때로는 스스로 임금의 자리를 꿰찬 사람도 있었다. 그들의 출발은 매우 달랐지만 임금이라면 해야 하는 일들까지 다른 것은 아니었다. 이 글에서는 성리학 사회에서 군주가 된다는 것이 어떠한 의미를 담고 있는지에 중점을 두어, 먼저 궁궐의 전각 이름에 담겨 있는 성리학적 군주가 되는 방법에 대해 살펴보고, 이어서 그것이 대외적으로 펼쳐지고 의례화되어 궁궐 안에서 구현되는 모습을 서술하겠다.

성리학적 군주 되기: 강녕전과 사정전

경복궁에는 크게 3개의 중심 전각이 있다. 왕의 침실인 침전寢殿 강녕전康寧殿, 편전便殿인 사정전思政殿, 정전正殿인 근정전勤政殿이다. 경복궁의 전각명을 일단 외워두자. 왜냐하면 다른 궁궐의 전각들은 형제간에 돌림자 쓰듯이 이 주요 전각의 이름을 따라하고 있기 때문이다. 침전은 빼고, 조선 궁궐의 편전과 정전은 모두 정政자 돌림이다(덤으로 한 가지 팁을 더 알려주자면 정문

강녕전: 경복궁 안에 있었던 왕의 침전. 왕이 일상 거처하던 전각으로, 1395년(태조 4)에 창건하고, 정도전이 이름을 지었다. 강녕은 오복五福의 하나로, 임금으로서 실천해야 할 이상적인 정치 이념을 궁궐 건축에 반영한 유가儒家의 사상을 엿볼 수 있다. 1553년(명종 8)에 불에 타 없어진 것을 이듬해 중건하고, 다시 1592년 임진왜란 때 소실한 것을 1865년 경복궁 중건 때 재건했다.

사정전: 경복궁 안에 있는 편전便殿. 정면 5칸, 측면 3칸의 팔작지붕 다포집. 1867년(고종 4) 건립. 사정문思政門을 들어서서 마당보다 약간 높게 원주를 세웠으며 4면의 기둥 사이는 토벽이 하나도 없이 사분합四分閤의 광창光窓과 문만으로 짰다. 내외 이출목二出目의 공포栱包로 짜여져 있고 지붕마루는 양성을 했으며, 망새·용두龍頭·잡상雜像을 배열했다.

의 이름은 모두 화(化)자 돌림이다). 창덕궁은 대조전-선정전-인정전, 창경궁은 통명전-문정전-명정전, 경희궁은 회상전-자정전-숭정전이다.

침전, 편전, 정전 중 가장 중요한 곳은 어디일까? 이런 질문은 사실 바보 같은 것이다. 침실이 없어서야 되겠으며, 일상 정치 행위를 펼치는 편전이 없어서야 어디 쓰겠으며, 멋진 의례를 펼치는 공간인 정전이 없어서야 어디 궁궐이라 할 수 있겠는가 말이다.

그럼 질문을 바꾸어보자. 이 세 전각 중에 무엇이 가장 '조선적인' 특색을 나타내고 있는 곳일까?

조선이건 고려건, 우리나라건 중국이건 어느 궁궐에나 근정전 같은 의례의 공간도 있고, 일상 정치 행위를 펼치는 곳도 있고, 침실도 있다. 그렇게만 보면 어느 시기든 어느 사회든 궁궐은 다 거기서 거기다 싶지만, 사실 그렇지가 않다. 시대가 다르고 사회가 다른데, 겉으로 보기엔 비슷해 보여도 속으로 들어가면 그 시대, 그 사회만의 특징이 들어 있기 때문이다. 이들 전각 중에서도 가장 조선의 특색을 나타내고 있는 곳이 있으니, 바로 편전이다.

편전은 앞서 잠깐 거론했듯이 일상적인 정치 행위가 펼쳐지는 곳이다. 임금과 신하가 만나서 정치에 대해서 논의하는 장소이며, 경연처럼 임금이 신하들과 같이 공부하는 장소이기도 하다. 그런데 이런 용도의 장소는 사실 편전만 있는 것이 아니다. 살다보면 날씨가 추워 좀더 따뜻한 방에서 정치를 논의할 수도 있고, 너무 어두컴컴해서 방을 바꿀 수도 있다. 그거야 어느 시기든 그렇지 않겠는가.

그러나 고려 말 조선 초의 유학자 관료들은 편전이라는 공식적인 장소에 왕이 나와서 정치를 펼쳐줄 것을 강렬히 바랐다. 왜냐하면 원 간섭기 군주들은 소수 측근들을 데리고 궁중 깊숙한 밀실에서 마음대로 정치적 결정을 내리는 일이 비일비재했기 때문이다. 그래서 관료들은 밀실에서 정치를 행하지 말고 공식적인 장소에 나와서 정치를 행할 것을 강력히 주문했고, 그럴 때 거론된 장소가 바로 편전이었다.

또한 공개적으로 정치를 논하는 일만이 중요한 것이 아니었다. 관료들이 보기에 더 중요한 일은 임금이 공부를 하는 것이었다. 노성하고 학문이 깊은 신하들과 함께 임금도 공부를 해서 더 나은 군주가 되도록 노력해야 한다는 것이었다. 군주도 공부해야 한다는 건 당연한 것 아니냐고? 천만의 말씀이다. 이는 성리학적 사회에서야 비로소 전면에 대두된 문제다. 그 이전 시기의 중국이나 우리나라에서는 군주가 훌륭한 자질을 지녔다는 것도 중요했으며 공부를 안 한 것은 아니었지만, 그보다 더 중요한 것은 군주가 신성한 혈통을 지녔다는 점이었다. 그래서 당나라 황실에서는 자기네가 노자老子의 후손이라고 주장하기도 했고, 송의 황제들은 도교의 원시천존이 자기들 조상이라고 하기도 했다. 우리나라의 삼국 시기 군주들은 알에서 깨어나든지 하늘의 자손이라고 주장했고, 고려의 국왕도 용손이라고 자처했다.

그러나 성리학의 세계에서는 그러한 것들을 더이상 주장하지 않는다. 사람들이 선천적으로 가진 기품에 차등이 있다는 것을 부인하진 않지만, 누구나 본성이 선하기 때문에 노력하면 성인이 될 수 있다고 한다. 그렇기 때문에 거꾸로 군주도 그 선한 본성이 가려지지 않도록 열심히 수양해야 하는 것이다. 이처럼 제발 공식 석상에서 정치를 논하라는 시대의 열망과 성리학적인 군주 수양관을 담고, 조선 초에 강조되어 설정된 장소가 편전이다. 그렇기 때문에 편전은 가장 조선적인 장소라고 할 수 있을 것이다.

그렇다면 수양을 어떻게 해야 하는가? 그건 바로 훌륭한 신하나 학자들과 열심히 공부하는 것, 즉 『대학大學』에서 규정한 공부법인 격물치지格物致知를 행해야 하는 것이며, 이를 제도적으로 구현한 것이 바로 경연이다.

조선의 편전은 바로 그러한 의미에서 탄생했다. 경복궁에 있는 주요 전각의 이름을 모두 짓고 그 의미를 서술한 정도전은 편전에 사정전이라는 이름을 붙이고, 천하의 이치를 깨달으려면 사思, 즉 생각을 지극히 해야 한다고 했다. 이곳에서 온갖 일이 결정되니 생각하고 또 생각하여 결정해야 한다고 말이다. 또한 생각한다는 것은 사람이 행해야 하는 수양 공부 중에 가장 근본이 되는 것이니, 경연을 행해야 할 장소에 '생각'이라는 말이 붙은 것은 매우 적절하다고 하겠다.

그런데 이렇게 공부만 하면 자기 수양이 되는가? 그렇지 않다. 성리학에서 격물치지보다 더 근본이 된다고 할 수 있는 것이 바로 '성의정심誠意正心'이다. 공부를 하는 주체의 자질을 잘 닦아놓는 것, 공부를 하면 잘 받아들여질 수 있도록 바탕을 닦아놓는 것을 말한다. 그러한 뜻이 담겨 있는 곳이 바로 강녕전이다.

앞서 말했듯이 강녕전은 임금이 잠자는 곳, 즉 군주가 편히 쉬는 곳이다. 그런 곳이 무슨 마음을 바로 잡는 공간이냐고? 편히 쉬는 곳이기 때문에 더욱 마음을 다잡아야 한다는 것이다. 강녕康寧이란 말은 '편안함'이란 뜻인데 원래 오복五福 중 하나로서, 이거 하나를 들면 오복이 모두 포괄된다고 해서 강녕을 선택했다. 그런데 어떻게 하면 편안함을 얻을 수 있을까? 정도전은 임금이 마음을 바로잡아서 도덕 그 자체가 되면 오복을 누릴 수 있다고 했다. 그렇다면 왜 그 이야기를 하필이면 침전에 하는가? 그건 바로 침전이 홀로 거처하는 곳이기 때문이다. 원래 사람이란 게 슬쩍 나쁜 짓할 것도 남의 눈이 있으면 머뭇거리다 하지 않는다. 정작 문제가 되는 건 사람이 혼자 있을 때이다. 남의 시선을 의식할 게 없으면 사람들은 마음껏 자기 하고 싶은 대로 하고 만다.

"마음을 바루고 덕을 닦는 일은 여러 사람이 다 보는 데서는 애써 실천하지만, 한가하고 혼자 있을 때는 쉽게 안일에 빠져서 경계하는 뜻이 매양 게으르게 됩니다. 그래서 마음을 바로잡지 못하는 바가 있고 덕이 닦여지지 못하는 바가 있어, 황극皇極[군주가 세우는 표준]이 서지 못하여 오복五福이 이지러지게 됩니다." (정도전, 강녕전기문)

그렇기 때문에 침전처럼 남의 눈이 미치지 않는 곳일수록 더욱 자기 마음을 바로잡아야 하는 것이다. 이게 바로 정도전이 강녕전이라는 전각의 이름에 담은 뜻이었다.

그런 의미에서 강녕전과 사정전은 떼려야 뗄 수 없는 관계다. 강녕전에서는 성의정심을, 사정전에서는 격물치지를 한다면 임금이 수신修身을 할 수 있다. 그리고 수신이 되어야만 군주는 치국평천하治國平天下를 할 수 있다. 성리학적 세계에서 수신의 문제는 치국과 분리된 것이 아니고 연속된 것이었다. 그 어느 때보다도 군주에게 공부할 것을 주문하고, 신하들과 소통할 것을 요구한 조선시대에는 군주가 제멋대로 편안히 거처하거나 자기 측근들만 모아서 쑥덕쑥덕할 공간을 허용하지 않았다. 조선후기가 되면 산림 정치가 활발해지면서 신하들의 공론公論이 중요해졌다. 편전은 더욱 분화되어 의례 공간과 신하들과 만나는 공간이 분리되었고, 온돌 시설이 갖춰지거나 시원한 곳 등이 마련되었다. 신하들과 좀더 편리하면서도 공식적으로 만날 수 있는 장소들이 모색된 것이다.

의례의 중심: 편전과 정전

의례는 보통 권력에 단순히 형식만을 제공하는 것이라고 생각하기 쉽다. 즉, 권력을 멋있게 수식해주는 역할을 한다고 말이다. 그러나 전근대 사회에서 의례와 정사政事는 구분되지 않는다. 특히 권력이 인간의 통제를 초월하는 무언가로부터 나오는 것으로 인지될 때에는 의례가 권력을 구성하는 주요한 매개가 된다. 따라서 의례는 실제로 권력을 창출하고 이를 정당화하는데, 이는 국왕을 우두머리로 하는 사회 위계질서를 자연스럽고 정당하게 인식하도록 만드는 체계를 구성하게 하곤 한다.

이 때문에 궁궐에서도 의례를 행하는 정전은 매우 중요한 위치를 차지한다. 비록 그 전각이 평상시에 거주하는 곳은 아니지만, 그곳에서 펼쳐지는 의례는 임금이 임금으로서 위치하고 신하가 신하로서 위치하며, 천문의 자연스러운 변화에 따라 정사를 펼침을 상징하는 것이었다.

경복궁의 근정전과 창덕궁의 인정전 등은 이러한 의례 공간으로서, 그곳의 회랑으로 둘러싸인 넓은 뜰이 바로 좁은 의미의 조정朝廷에 해당된다. 이곳에서 펼쳐지는 의례 중 대표 격이 바로 조회朝會다. 세종대 이래로 날짜마다 격이 다르긴 했지만 기본적으로 매일 조회를 펼치도록 규정되어 있었다. 조회 중에서도 규모가 큰 조회가 펼쳐졌던 것은 새해의 첫날인 1월 1일, 1년 중 음이 극에 달하여 쇠퇴하기 시작하고 양이 시작되는 시기로 중시되었던 동지冬至와 매달 초하루와 보름날이었다. 이러한 날짜들은 모두 천도天道에 큰 변화가 있는 시점으로 천명天命을 받은 군주가 이러한 변화에 순응하여 인도人道를 펼치고 있다는 점을 형상화한 장치였다. 이럴 때면 관원들이 치사致詞를 바치는 등 규모가 커져서 대조회大朝會라 칭해지기도 했다.

무신년진찬도 중 창덕궁 인정전진하도, 국립중앙박물관 소장. 1848년(헌종 14) 순원왕후(순조비)
의 육순과 신정왕후(헌종의 어머니)의 41세를 기념하여 거행된 진찬례를 담은 여덟 폭 병풍 그림 중
인정전에서 벌어진 진하 의례의 모습을 잘 보여주고 있는 그림이다. 인정전 같은 궁궐의 정전은 이
처럼 대규모의 조회나 진하 같은 의례가 벌어진 곳이었다.

조회는 시점도 중요하지만 그것이 펼쳐지는 정전이라는 공간도 중요
했다. 시사視事, 즉 정무를 보는 일은 꼭 편전이 아니라도 가능했지만, 조회
는 오로지 정전에서만 펼쳐졌다. 특히 대조회에 해당하는 규모 큰 조회들은
더욱 그러했다. 이는 정전이라는 공간이 의례가 펼쳐지는 성스러운 장소의
중심에 해당하는 곳일뿐더러, 기능적인 측면에서도 많은 숫자의 사람이 모
일 수 있는 공간이 필요했기 때문이다.

　　정전과 그 앞의 뜰이 의례가 펼쳐지는 중심 장소라면 편전은 이를 위한
준비 공간이 된다. 임금이 먼저 나와 근정전에서 신하들이 들어오길 기다린
다는 것도 말이 안 되고, 예를 다 마친 후 근정전에서 신하들 나가는 뒤꽁무
니를 보고 앉아 있는 것도 말이 안 된다. 존엄하신 임금님은 모든 사람이 다
준비하여 대기하고 있으면 짜잔 하고 나타나서 조회를 주관했다가 예가 끝
나면 먼저 나가야 말이 되는 것 아니겠는가. 그러기 위해 필요한 공간이 바
로 편전이다. 편전은 정무를 보고 경연을 행한다는 의미도 있었지만, 이렇게
정전에서 의례가 벌어질 때면 중요한 준비 공간으로서 짝을 이루기도 했다.

　　자, 그럼 조회가 펼쳐지는 날 임금과 신하들은 어떻게 움직였을까? 이
들의 자리는 우선 등급에 따라 정연하게 서열화된다. 근정전 안의 중앙에는
임금의 자리가 마련되고, 왕세자의 자리는 전정, 즉 근정전 뜰의 동쪽에 자
리한다. 전정의 가운데 길, 즉 어도를 사이에 두고 동쪽에는 문관이, 서쪽에
는 무관들의 자리가 마련되는데 그 순서는 품계에 따른다. 지금 근정전이나
인정전 등 각 궁궐의 정전 뜰에는 품계석이 배치되어 있는데, 이는 바로 조
회 때 문관과 무관들이 줄을 설 자리를 표시한 것이다. 이외에 음악을 연주
할 사람들과 화려한 색채의 깃발과 의장용 무기들을 든 인물들은 뜰 주변과
문밖 등에 일제히 포진된다.

조회가 있는 새벽녘, 신하들은 일제히 근정문 밖 공간에 모여 있는데, 영제교를 기준으로 서쪽에는 종친과 무관들이, 동쪽에는 문관들이 위치한다. 그중에서도 영제교와 근정문 사이에 2품 이상 관원들이 자리잡고 있다가 시간이 되면 차례로 문 안으로 들어가 자기 자리에 위치한다. 신하들이 자리를 잡고 있는 동안 임금은 면복을 갖춰 입고 사정전에 있다가 북이 삼엄三嚴을 알리면, 뚜껑 없는 가마인 여輿를 타고 근정전 서쪽에 이르러 가마에서 내려 어좌로 간다. 사정전에서 근정전까지 그 짧은 길이지만 임금은 반드시 가마를 탄다. 그것이 존엄함을 표현하는 방법이기 때문이다. 모든 의례에서 궁궐 안에서는 여를 타고 이동하고, 궁궐 밖으로 나갈 때에는 뚜껑이 있는 가마인 연輦을 탄다. 임금은 함부로 걸어다니는 존재가 아니다. 그것이 건강에는 심히 좋지 않았겠지만.

조회를 마치고 나면 사정전 안에서 시사視事를 하는 경우가 많았다. 또 상참의常參儀라 해서 전체 관원이 아니라 일부 관원을 중심으로 매일 일상적으로 행하는 조회도 있었는데, 이것이 사정전에서 행해지기도 했다.

궁궐 밖을 나갈 때 왕이 타던 연
국립고궁박물관 소장.

조회와는 상관이 없지만 사정전은 전혀 성격이 다른 의례에서도 중요하게 사용된 공간이었다. 바로 국왕이 승하했을 때 빈전殯殿 공간으로 사용된 것이다. 국왕이 갑자기 돌아가시는 게 아니라 일정 기간 앓다가 돌아가시다 보니 승하한 장소는 국왕마다 달랐다. 그렇지만 빈전은 한곳에 설치되도록 규정되어 있었는데, 그 공간이 바로 사정전이었다. 물론 창덕궁에서는 선정전이 그에 해당되었다.

이처럼 사정전과 근정전, 즉 편전과 정전은 군주를 중심으로 하는 의례의 핵심 공간으로서 천도에 따라 인도를 펼치는 천명의 대리자인 국왕을 상징하는 공간이었다.

국왕은 도대체 언제 혼자 있나?

앞에서 본 것처럼 의례는 아무 공간에서나 그때그때 행해지는 것이 아니라 규범적으로 정해진 장소들이 있었다. 또 강녕전이라는 침전 공간조차도 마음을 갈고닦으라는 의미를 지니고 있음도 보았다.

이러한 점들을 좀더 미루어본다면, 국왕이 아무 데나 머무를 수 있는 것이 아니며, 국왕의 사적인 장소라는 것은 그다지 허용되지 않았음을 알 수 있다. 『승정원일기』 같은 사료를 보면 제일 먼저 국왕이 어디에 있었는지를 기록하고 있다. 그만큼 국왕의 일거수일투족은 관심의 대상이요, 그가 어디에 있는지가 중요하기 때문이었다. 또한 강녕전이라는 이름에 담긴 의미에서도 알 수 있듯이 조선의 국왕에게는 무언가 그를 위한 비밀 장소, 사적인 장소라는 것이 허락되지 않았다. 사생활을 중시하는 요즘에는 집 안에서도 부모가 자식들 방에 들어갈 때면 노크를 해야 한다고 한다. 그러나 조

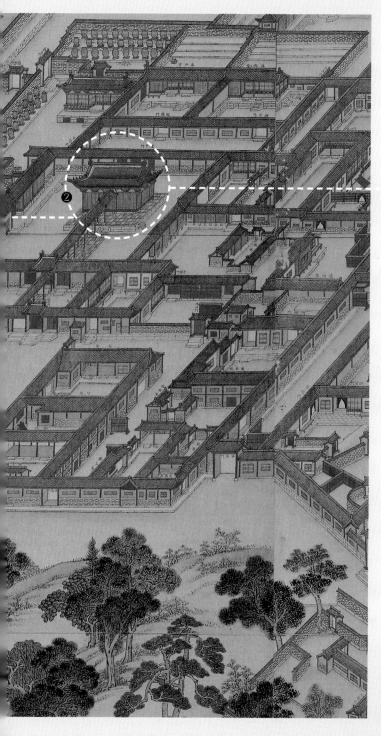

왕이 대기하던 장소
조회 때 원유관과
강사포를 입고 있다가
인정전으로 나아갔다.

인정전을 중심으로 한 궁궐도

❶ 인정전
❷ 선정전
❸ 은대
❹ 빈청

선의 국왕은 그럴 수 없었다. 국왕은 도덕의 표준이 되어야 하는데, 무어 꿀릴 것이 있어 비밀장소가 필요할 것인가? 그런 의미에서 그는 모두에게 공개된 존재였다. 천명을 받아 천도의 자연스런 순행에 따라 인도를 행하는 군주는 그러한 존재였던 것이다.

때문에 어디서 이름 없는 궁녀의 처소에 군주가 갑자기 방문을 한다거나, 거기서 무언가 썸씽이 발생한다는 식의 이야기는 낭만적일지는 모르지만 가능하지는 않은 이야기이다. 임금이 눈여겨본 궁녀가 있다면 내시 등을 통해 연락을 취하여 미리 해당인을 준비시킨 후 임금의 처소에 들여보냈기 때문이다. 그렇다면 임금의 처

임금의 똥을 받아보던 매우틀

소, 진짜 밤에 잠을 자는 장소는 그래도 혼자서 머무는 공간이었는가? 그도 그렇지 않았다. 강녕전이나 대조전 같은 침실을 보면 가운데 마루를 두고 동온돌과 서온돌로 구분되어 있는데, 각 온돌방은 ＃자 형의 구조를 띠고 있다. 임금은 ＃자 모양의 방 가운데서 잠을 자는데, 주변 방에는 나이 많은 상궁들이 대기하고 있었다. 이 노상궁들이 임금의 잠자리까지 코치를 했다니 나머지 상황은 더 말할 것도 없으리라. 심지어 임금이라면 그 똥도 그냥 버려지지 않았다. 그 구린 똥도 임금의 건강을 보여주는 중요한 지표로서 의원들이 직접 맛을 볼 정도였으니, 더 말해 무얼 하겠는가. 지금도 창덕궁에 가면 매우틀이라 하여 임금의 똥을 받아보던 통을 볼 수 있다.

임금도 사람이니 후원을 거닐며 쉬는 시간도 있었을 것이고, 완전히 그

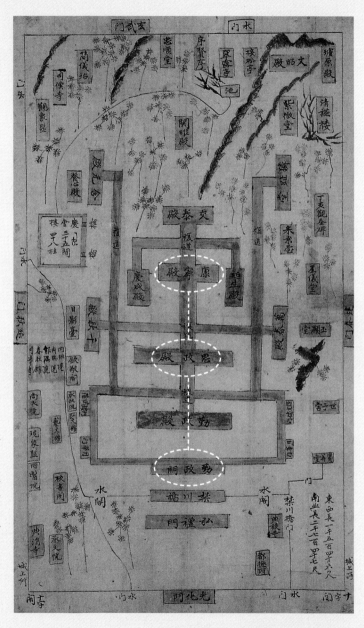

경복궁도, 지본담채, 61.4×
36.6cm, 조선후기, 서울역사
박물관 소장. 경복궁은 임진
왜란 때 모두 소실되었다.
위 그림은 영조대 이후 전승
에 의거해서 조선전기 경복
궁의 전각 배치를 추정하여
만든 지도이다. 정확한 자료
에 기반하지 않고 작성된 것
이어서 세부적인 내용에 있
어서는 오류가 많지만, 강녕
전-사정전-근정전으로 이어
지는 일직선축의 배치는 여
기서도 볼 수 있다.

의 사생활이란 존재하지 않았다고 단정지을 수는 없다. 다만 그에게는 무언가 '인간미 넘치는 사생활'이란 게 있었을 것 같은데 지금은 그 면모를 알기가 쉽지 않다는 것이다. 그에 대한 기록이 별로 없기 때문이다. 그런데 질문을 바꾸어 왜 기록이 남겨지지 않았을까 생각해본다면, 그것은 오히려 우리가 지금 궁금해하는 '임금의 인간미 넘치는 사생활'이란 것에 대해 조선 사람들은 관심이 없었거나, 혹은 실제로 임금에게는 그런 것이 존재하지 않았거나, 적어도 그다지 중요하지 않았기 때문일 수 있다. 우리의 질문은 우리 시대와 사회를 반영한다. 우리의 질문에 대한 답을 찾으려 하기 전에 조선 사람들이 중시했던 세계는 어떠한 것이었는지를, 그들의 질문은 무엇이었는지를 생각해보는 게 어떨까?

"다시는 궁궐에 살지 않게 하소서"

● .

궁중 여인들의 삶

정병설 · 서울대 국문과 교수

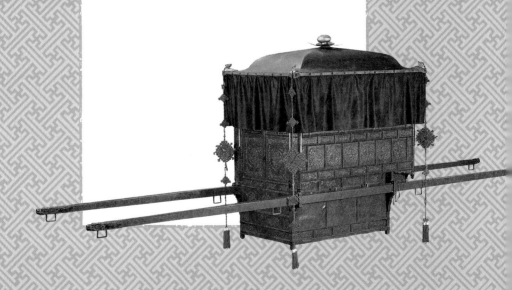

궁궐이라는 그늘의 공간

궁궐은 특수 공간이다. 어떤 사람에게는 공적 공간이지만 다른 사람에게는 사적 공간이고, 어떤 사람에게는 직업 공간이지만 다른 사람에게는 생활공간이다. 그리 넓지는 않지만 갖은 일이 벌어지는 세상의 축소판이다. 영조는 결혼하고 처음 인사하러 온 며느리 혜경궁에게 "눈이 넓어 어떤 것을 보아도 궁중에서는 예삿일이니, 네 모르는 체하여 먼저 아는 모습을 보이지 마라"라고 충고하였다. 혜경궁이 장차 겪고 보아야 할 일이란 어떤 것일까. 일반인의 눈에는 낯설고 충격적인데 궁중에서는 다반사로 일어나는 일이란 무엇일까.

아들을, 그것도 세자를 뒤주에 가두어 죽인 일이야 너무도 충격적이니, 궁중에서도 그것까지 예삿일이라 할 순 없겠지만, 『한중록』이 보여주는 궁중 내의 여러 장면 가운데는 예사로 볼 수 없는 일이 적지 않다. 왕이나 세자가 여기저기서 내인들과 관계를 맺고 또 후궁을 두는 일이야 으레 그러려니 눈감을 수 있겠지만, 형조 공사다 친국이다 하면서 이어지는 피가 튀고 비명이 터지는 고문과 처벌에다, 자리와 이권을 놓고 속이고 속는 음모와 술수들은 무심히 지나치기 어려운 장면이 많다.

물론 궁중은 최고의 호화판 연회가 벌어지는 유흥 공간이면서 가장 높은 수준의 문화 예술이 꽃피는 문화 공간이기도 하다. 하지만 아무리 호화롭다 해도 감옥이나 다를 바 없는 고립된 공간에서 한평생을 살다 가는 궁중 사람들에게 연회와 문화는 감옥살이의 작은 위안일 뿐, 그들의 삶을 진정으로 달래줄 수는 없었다. 왕, 세자는 그런 궁궐에서 태어나 그 속에서 살다 죽었던 것이다. 외출이라봐야 묘소에 참배 가는 능행陵幸이나 온천에 병을 치료하러 가는 온행溫幸이 고작이다. 밖에서 들어온 세자빈이나 왕비는 더했다. 능행이나 온행도 쉬 하지 못했던 것이다. 일단 들어오면 외출 한번 못 하는 처지라 어떤 면에서는 궁녀와 다를 바 없었다.

이런 감옥 같은 궁궐에 갇혀 왕은 늘 정변이 나지 않을까 걱정했고, 왕

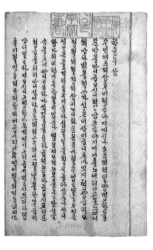

가람 이병기 선생 구장 『한중록』, 규장각한국학연구원 소장.

자들은 자신이 과연 왕이 될 수 있을까, 만일 왕이 되지 못하면 어떻게 될까 늘 불안해했다. 또 공주들은 호화로운 궁궐을 벗어나 어떻게 사삿집에서 시집살이를 할까 염려했고, 비빈들은 자신이 아들을 낳을 수 있을지, 자기 때문에 친정이 어떻게나 되지 않을지 늘 걱정이었으며, 궁녀들은 살벌하고 삼엄한 궁중에서 한평생 감시와 경계의 시선을 받으며 살아야 했다. 세상에 대한 그들의 좁은 시야는 불안감을 더욱 증폭시켰다. 혜경궁 홍씨가 쓴『한중록』은 이런 불안하고 어두운 궁중생활을 가장 극적으로 그려낸 작품이다. 물론 궁중생활에도 밝고 긍정적인 면이 있겠지만, 이 글은『한중록』을 중심으로 궁궐생활의 그늘, 그것도 궁궐에 사는 여성들의 그늘을 주로 살펴보기로 한다.

다시는 궁궐에 살지 않게 하소서, 왕비

효종의 부마인 정재륜鄭載崙이 쓴『공사문견록公私聞見錄』을 보면, 광해군의 왕비인 류씨는 평소 궁중에 불상을 모셔놓고, 다음 세상에는 왕가의 여자로 태어나지 않게 해달라고 빌었다고 한다. 류씨야 인조반정 이후에 폐비가 된 비운 때문이 아니라도, 남편 광해군이 왕위에 오르기까지 무수한 고난이 있었으니, 이런 소원을 빌었을 법하다. 광해군은 부왕인 선조宣祖의 적자가 아닌 서자였고, 게다가 맏이도 아닌 터라 세자로서의 지위가 늘 불안했던 것이다.

사도세자의 아들 가운데 왕이 된 정조 외에는 모두 역모 죄로 죽었다. 사도세자의 서자인 은언군, 은신군, 은전군이 바로 그들이다. 고종高宗에게서 왕자를 낳았다가 두 살에 잃어버린 후궁 광화당光華堂 이씨는, 이를 애석

해하는 사람에게 '이 무서운 세상에 그것이 자란다 해도 무사했겠습니까'
라고 말했다고 한다. 류씨가 남편 광해군이 왕이 되기 전에 겪었을 불안과
공포가 짐작이 될 것이다.

이미 임금이 된 고종과 결혼한 명성왕후 민비조차 평소 '내 죽으면 사
대문四大門 안을 돌아보지 않으리라' 라고 했다 하니(김명길, 182쪽), 왕비들
이 궁궐을 꺼리는 이유가 왕비가 되기까지의 심려 때문이라고만 볼 수는 없
다. 오히려 왕비가 된 이후의 고통이 더 클 수도 있기 때문이다. 혜경궁이야
왕비는 되지 못했지만 세자빈으로 장차 왕비가 될 지위였고, 나중에 실질적
인 대비 노릇을 했으니 왕비라 해도 무방하겠는데, 혜경궁이 겪은 남편, 자
식, 친정으로 인한 고통은 하나하나
들어 말하기조차 지루할 정도다.

왕비들의 고통과 불안은 그들
의 출산능력이 잘 말해주는 듯하다.
혜경궁 위아래의 왕 오대五代만 보
면 숙종부터 순조까지, 숙종에게는
인경왕후 김씨, 인현왕후 민씨, 인
원왕후 김씨, 경종에게는 단의왕후
심씨, 선의왕후 어씨, 영조에게는
정성왕후 서씨, 정순왕후 김씨, 정
조에게는 효의왕후 김씨, 순조에게
는 순원왕후 김씨의 총 아홉 명의
왕비가 있었다. 그런데 그 가운데
자식을 낳은 왕비는 첫 왕비인 인경

평상복을 입은 왕비.

왕후의 이녀二女와 마지막 순원왕후의 이남삼녀二男三女밖에 없다. 경종이
야 임금 자신이 출산능력이 없었던 것으로 보이지만, 다른 임금들은 모두
후궁에게서 자식을 낳았음을 보면 생산능력의 문제는 대개 왕비 쪽이었다
고 할 수 있다.

　　왕비들의 낮은 생산력의 원인을 지금 새삼 밝히기는 어렵겠지만, 그 원
인은 대개 정신적인 데 있지 않나 짐작된다. 그만큼 왕비들의 스트레스는
컸다. 스트레스의 원인은 일차적으로 남편과의 관계에서 찾을 수 있을 듯하
다. 『한중록』에 나오는 왕비들은 남편과의 관계가 별로 좋지 않다. 영조의
경우 정성왕후가 위독하여 죽게 되었는데도 급히 와보지도 않았고, 의식을
잃고 거의 죽게 되자 그제야 왔다. 와서도 부인의 병세는 별로 신경 쓰지 않
고 오히려 사도세자의 옷차림이나 타박하였다. 게다가 왕후가 죽자 궁녀들
과 자기 신혼 때 정성왕후와 어떠했는지 잡담을 길게 하다가 발상까지 늦어
졌다. 그러다 마침 자기가 끔찍이 아끼는 딸 화완옹주의 남편 정치달의 부
음이 들리자, 신하들의 만류에도 불구하고 잰걸음으로 부마 집으로 가버렸
다. 영조는 왕비에게 무신경의 극치를 보여주었다.

　　궁중에 전하는 말에 따르면 정성왕후는 첫날부터 소박을 맞았다고 한
다. 첫날 밤 영조가 왕후의 손목을 잡고 손이 참 예쁘다고 했더니, 왕후가 귀
하게 자라서 그렇다고 대답했다는 것이다. 왕후의 이 말에 영조는 정이 뚝
떨어졌다는데, 거기에는 사연이 있다. 영조는 부왕 숙종과 각심이(궁녀를 돕
는 여종) 최씨 사이에서 태어났다고 한다. 게다가 결혼 당시 영조는 세자도
아니고 일개 임금의 서자에 불과했으니 그저 암울한 장래만 있을 뿐이었다.
이런 상황에서 왕후의 대답은 마치 자신의 출신을 멸시하는 것으로 받아들
여졌던 것이다.

당당한 세자로 아내를 맞은 정조도 부부관계가 좋지 않기는 마찬가지였다. 고모인 화완옹주가 방해했기 때문이라고도 하지만, 어쨌든 궁중이라는 환경 자체가 편안하고 원만한 부부관계를 만들 수 있는 공간은 못 되었다.

왕비의 스트레스는 남편과의 관계가 아니라도 견디기 어려운 것이었다. 왕비는 그 자체가 정치적 존재이기 때문이다. 왕비가 된다는 것부터 정치적이며, 왕자를 낳는 것도 정치적이요, 왕을 만드는 것은 무엇보다 막중한 정치 행위였다.

왕비가 되는 과정을 보면 일종의 신부 공채라 할 수 있는 삼간택三揀擇의 절차가 있지만, 이것이 실제로는 특채임을 『한중록』은 잘 보여주고 있다. 간택은 여러 가지 정치적 고려를 거쳐 내정된 신부를 실제로 보고 확인하는 과정일 뿐이다. 그러니 왕가에서 어떤 집안의 신부를 맞이하는가는 장차 어떤 세력과 결탁하고 어떤 세력을 멀리할 것인지를 보여주는 징표가 된다.

왕비들에게 부여된 무엇보다 중요한 책임은 출산이다. 왕비가 수행할 가장 중요한 일은 왕의 후계자를 생산하는 것이다. 다른 건물과 달리 왕비가 머무는 대조전大造殿에만 용마루가 없는 것도 용자龍子를 낳는 특별한 의미가 있는 공간이기 때문이라고 해석된다. 『한중록』을 보면, 영조의 왕비 정성왕후는 평소에 대조전에 거처하다가 감기나 체증만 걸려도 건넌방에 와 지냈다고 한다. 그러다 병이 위독하자 '종묘와 사직을 이을 왕손을 낳는 곳이 얼마나 중요한데, 내 감히 대조전에 죽을 수 있으리' 하면서 대조전 서쪽의 관리각이라 하는 집으로 서둘러 옮겨가 거기서 죽었다고 한다.

후계자의 생산은 책무이지만, 대권을 이어주는 것은 왕비의 권리이자 권력이다. 아들이나 손자가 왕위에 오르면 왕비는 그때부터는 임금의 효도

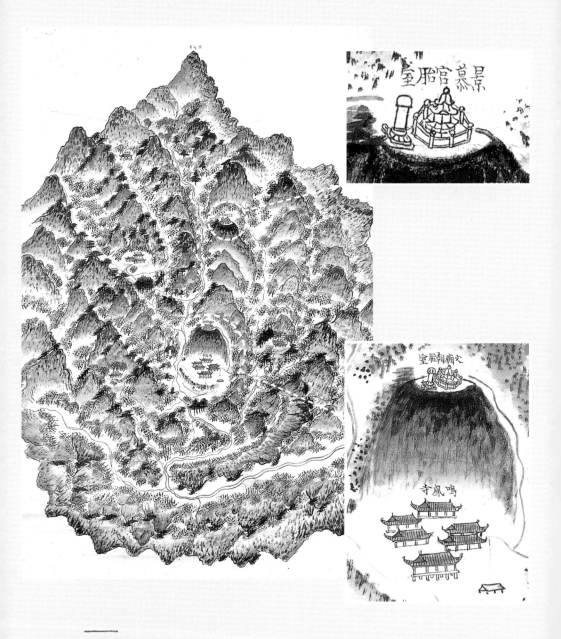

사도세자 태실 그림. 조선의 왕비들에게 부여된 가장 중요한 책임은 출산이었다. 왕손이 태어나면,
그 태를 소중히 간수하여 길지吉地를 골라 안장하고 태실을 만드는 것이 관례였다. 한국학중앙연구
원 장서각 소장.

를 받는 실질적인 권력자가 된다. 조선에서 누구도 거부할 수 없는 효도라는 예법으로, 임금의 어머니 또는 할머니는 임금을 견제하며 권력을 행사할 수 있었다. 영조는 모후母后인 인원왕후를 자기에게 왕위를 물려준 은인으로 여겼다. 인원왕후는 생모는 아니지만 영조의 어머니로서, 영조가 사도세자에게 대리청정을 시키겠다거나 전위를 하겠다고 하면 영조를 말릴 수 있는 유일한 사람이었다. 대비나 왕대비는 임금의 유고 시에 대권의 방향을 결정할 수 있는 막중한 위치에 있었으니, 대비의 치마폭으로 옥새를 전했다고 하는 것이 바로 이런 경우다.

이처럼 왕비의 일생은 철저히 정치적이었다. 자신의 처신에 따라 친정이 다 망할 수도 있고, 자신의 행동에 따라 어떤 사람이 왕이 되기도 하고 못되기도 한다. 자신의 한마디 말이 많은 사람의 운명을 결정했고, 자신의 생각과 행동은 일국의 대권을 움직였다. 그 막중한 부담과 책무가 감당하기 어려운 스트레스가 되었던 것이다.

내 몸에서 임금이, 후궁

일반적으로 왕비는 정치적으로 만들어진 관계이지만, 후궁은 왕이 자기 의사로 만든 관계이다. 후궁은 왕자 생산이라는 막중한 책무가 없으니 심리적 부담은 한결 가벼웠다. 그래서인지 후궁의 몸에서는 오히려 많은 자식들이 태어났다.

숙종의 아들인 경종은 유명한 희빈 장씨 곧 장희빈의 소생이고, 영조는 경종의 이복동생으로 역시 후궁 숙빈 최씨의 소생이다. 영조 또한 먼저 죽은 효장세자와 사도세자 모두를 후궁의 몸에서 낳았고, 사도세자의 아들인 정조 역시 왕비가 아니라 후궁에게서 순조를 낳았다. 후계자 생산의 막중한 책무는 왕비가 지지만, 실제 후계자 생산은 후궁의 몫이었다.

물론 후궁 가운데는 왕비처럼 후계자 생산의 막중한 책무를 띠고 특별히 들인 경우도 있었다. 순조의 생모 가순궁처럼 마치 왕비를 들이듯 일정한 의례를 진행하여 맞이한 후궁도 있는 것이다. 정조 초에 권력을 독점했던 홍국영이 자신의 권력 유지를 위해 들인 열세 살의 어린 누이 원빈元嬪도 같은 경우였다. 하지만 후궁은 대개 어떤 경위로 임금의 눈에 들어 '승은承恩'을 입어 된다. 임금과 잠자리를 함께한 내인을 승은내인이라 한다.

영조의 여자로는 세자를 낳은 두 후궁 외에도 '문녀'와 '이상궁'을 들 수 있다. 물론 실제 승은내인은 훨씬 많았겠지만 『한중록』에서 그 존재를 알린 사람만 들면 그렇다. 문녀는 환갑이 다 된 영조와의 사이에서 딸을 둘이나 낳았는데, 나중에 사도세자를 모해하려 했다는 죄명을 얻어 문녀 곧 '문씨집 딸'이라는 말로 낮추어 불렀다. 하지만 딸을 낳을 당시에는 임금의 총애에 힘입어 기세가 등등하였다. 사도세자의 병은 이미 알 만한 사람에게는 다 알려진 상황이어서, 자기가 아들을 낳고 사도세자가 병으로 죽거나 폐위되면 자기 아들이 왕위에 오를 수도 있는 상황이었던 것이다. 다행인지 불행인지 문녀는 딸만 낳았는데, 낳을 때 남자 아이로 바꾸려고 했다는 흉흉한 소문까지 돌았다고 한다.

승은내인 가운데 문녀는 자식도 낳고 총애도 대단하여 정식 후궁으로 봉해졌지만, 왕의 승은을 입었다고 모두 정식 후궁이 되는 것은 아니었다. 이상궁은 사도세자가 죽기 전해에 늘 영조를 모시고 있었다지만, 정식 후궁으로 봉해지지는 않았는지 '이상궁'으로만 불리고 있다. 한번은 정순왕후의 오빠인 김귀주가 영조에게 혜경궁 집안을 공격하는 편지를 올리자, 결혼한 지 불과 이 년밖에 안 된 어린 신부 정순왕후에게 "댁에서 감히 이런 일을 하실까 싶으니이까. 물 떠다가 급히 편지를 씻어버리소서"라고 충고했다고 한다. 승은을 입었다고는 하지만 일개 상궁이 왕비에게 이처럼 당당할 수 있다는 것이 놀랍다.

후궁들은 임금의 사랑을 얻기 위해서라면 어떤 짓도 마다하지 않는 요녀妖女처럼 인식되지만, 실제로는 궁궐에서 잊히고 버려지는 불쌍한 존재에 불과했다. 임금의 사랑을 받을 때는 세상을 다 움직일 것처럼 대접을 받다가도 사랑이 식으면 언제 그랬냐는 듯이 아무것도 아닌 하찮은 존재가 되어버리는 것이다. 사도세자의 생모 선희궁은 아들을 낳아 세자까지 만들었지만 여전히 고독했다. 세자인 아들에게 어머니는 모후인 정성왕후였고, 며느리 혜경궁이 인사할 때도 선희궁은 후궁이어서 따로 인사를 받아야 했다. 사도세자는 죽기 직전에 후궁이 타는 작은 가마를 임금이 타는 큰 가마처럼 개조하여 어머니를 억지로 태워 창덕궁 후원을 돌아다녔지만, 아들의 이상 행동으로 선희궁은 더욱 불안해했다.

선희궁은 아들의 광태와 비행을 듣고 마침내 영조에게 가서 대처분을 내리라고 말했다. 아들을 죽이라는 말이었다. 영조는 생모의 이 말에 힘을 얻어 어려운 결정을 내렸다. 이 때문에 영조는 신하들에게 "전하께서는 궁궐에 깊이 앉은 한 여자의 말에 따라 국본國本을 흔드시려는 겁니까"라는 말까지 들어야 했다. 선희궁은 아들을 안락사 시키려고 했지만, 신하들은 아들을, 그것도 세자를 죽이라는 선희궁을 이해할 수 없었다.

아들이 죽은 지 채 이 년이 못 되어 선희궁은 다시 벼락 같은 처분을 들었다. 자기 손자인 정조를 아무런 핏줄도 닿지 않은 효장세자의 아들로 하라는 것이었다. 그렇게 되면 사도세자는 왕계에서 완전히 제외된다. 선희궁

선희궁 영빈 이씨 묘지. 선희궁의 무덤을 이장할 때 나온 백자 묘지이다(총 5장 가운데 2장). 연세대박물관 소장.

은 이 소식을 듣고 식음을 전폐하였다. 선희궁은 아들이 죽은 다음 "내가 차마 못 할 일을 하였으니, 내 자취에는 풀도 나지 않으리라"라는 말을 자주 했다고 한다. 공교롭게도 선희궁은 아들의 삼년상이 끝난 그 달에 죽었다. 『한중록』에서는 사인을 마음의 병이 등창이 된 것으로 밝히고 있지만, 죽은 시점으로 볼 때 '자식 죽인 어머니'가 자식을 따라 죽은 것이 아닌가 짐작된다.

인생은 내리막길, 왕녀

『기이재상담紀伊齋常談』이라는 음담소화집에서 이런 이야기가 전한다. 선조의 부마인 신익성이 정숙옹주와 첫날밤을 맞았는데, 잠자리에 들자 옹주가 부마를 아래에 눕게 했다. 신익성은 심한 모욕감을 느꼈으나 옹주의 명령을 거역할 수 없었다. 이튿날 아침 신익성은 침전의 지붕에 올라가 수키와와 암키와의 위치를 바꾸어 수키와를 암키와 아래 놓는 일을 하였다. 왕비가 그것을 보고 까닭을 물으니 신익성이 "이것은 간밤에 옹주가 가르친 것입니다" 하였다. 옹주는 그 말을 듣고 다시는 감히 남편의 말을 거역하지 않았다고 한다.

이 이야기는 공주에 대한 일반의 시각을 잘 보여준다. 즉, 공주는 오만하다는 생각이다. 임금과 왕비에게서 난 딸은 공주, 임금과 후궁에게서 난 딸은 옹주翁主, 세자와 세자빈에게서 난 딸은 군주郡主, 세자와 후궁에게서 난 딸은 현주縣主라고 부른다. 임금에게 정비보다는 후궁이 많은 것처럼 당연히 공주보다는 옹주가 많다. 영조에게도 옹주가 많은데, 영조의 옹주 사랑은 각별했다. 특히 영조는 그 성격이 좋고 싫음을 엄격히 구분했는데, 좋은 일을 할 때와 좋지 않은 일을 할 때는 출입하는 문부터 달랐고, 자기가 좋아하는 사람과 자기가 싫어하는 사람이 한 방에 있지 못하게 했으며, 심지어 좋아하는 사람이 다니는 길을 싫어하는 사람이 다니지 못하게 할 정도였다고 한다.

영조는 처음에는 화평옹주를 매우 사랑했는데, 화평옹주가 일찍 죽자 그 사랑이 화완옹주和緩翁主(1738~1808)에게로 옮겨졌다. 화완옹주는 영조의 딸이자 사도세자의 여동생이며, 혜경궁에게는 시누이고 정조에

덕혜옹주 다섯 살 때(1916년). 덕혜옹주는 고종과 후궁 복녕당 사이에서 난 딸이다.

게는 고모가 된다. 그런데 정조 즉위 후 등극을 방해했다는 죄목으로 강화도 교동으로 유배되어서, 『한중록』에서는 그를 낮추어 '정처鄭妻' 곧 정씨의 아내라 불렀다. 혜경궁은 화완옹주를 자기 집안의 정적인 경주 김씨네만큼이나 미워했다. 화완옹주를 정조가 외가를 미워하도록 이간한 주범으로 보았기 때문이다. 심지어 혜경궁은 화평옹주와 나란히 서술해야 할 상황에서도 '화완옹주'라 하지 않고 "무오생戊午生 옹주, 지금 정처라 하는 이"라고 말할 정도다. 그만큼 화완옹주에게 제 이름을 붙여주기 싫었던 것이다. 화완옹주가 무오년 곧 1738년에 태어났으므로 이렇게 불렀던 것이다.

화완옹주는 원래부터 샘이 많고 권력을 좋아하는 성격이었다고 한다. 하지만 남편이 있고 생모가 살아 있을 때는 그 훈계에 힘입어 방자한 짓을 못 했는데, 스무 살에 남편이 죽고 이어 스물일곱 살에 생모 선희궁까지 죽자 부왕의 총애만 믿고 거리낌 없이 행동했다고 한다. 사도세자가 죽은 다음 혜경궁은 아들 정조를 영조가 사는 경희궁으로 보냈다. 그리고 고모인 화완옹주에게 정조를 잘 봐줄 것을 부탁하였다. 영조는 아들까지 죽인 임금이니 손자에게 어떤 일을 할지 알 수 없는 상황이었다. 화완옹주는 정조를 맡자 마치 자기 아들인 양 하였고, 정조가 오직 자기만 믿고 따르게 하고 다른 것은 좋아하지 못하게 했다고 한다. 화완옹주는 정조가 좋아할 만한 것이 있으면 가리지 않고 이간 질을 했는데, 세손빈과의 관계를 소원하게

화완옹주의 남편 정치달 묘비. 화완옹주의 비문 쓸 자리는 비어 있다. 왕실 족보인 『선원계보기략』에는 화완옹주의 묘가 실전失傳되었다고 적고 있다. 경기 파주 소재.

곡좌한 모습. 왼쪽이 순종비 윤씨이고, 오른쪽은 그 시백모伯母인 흥친왕비다.

한 것은 물론, 정조가 눈을 들어 궁녀들을 보지 못하게 했고, 외가와 처가를 이간했을 뿐만 아니라, 심지어 정조가 『송사宋史』 편집에 푹 빠지자 그 책까지 시샘했다고 한다. 더욱이 화완옹주는 혜경궁과 비교하여, 혜경궁은 대비가 되는데 자기는 못 되고, 정조는 임금이 되는데 그보다 훌륭한 자기 양자 정후겸은 임금이 못 되는 것을 질투했다고 한다. 어릴 때는 더할 나위 없이 부귀했는데, 노후는 자기만 못한 올케가 훨씬 잘될 것을 생각하니 벌써부터 비위가 상했다는 것이다.

화완옹주의 할머니인 인원왕후는 평소 옹주들이 감히 세자빈과 나란히 앉지 못하게 했다고 한다. 나란히 앉지 않고 곡좌曲坐를 하게 했다는 뜻인데, 곡좌란 지위가 다른 사람들이 앉을 때 나란히 앉거나 마주 앉지 않고 모

선희궁 사당 터. 서울시 종로구 서울맹학교 내.

로 꺾어 앉는 것이다. 공주라면 몰라도 나중에 왕비가 될 세자빈을 옹주들
이 시누라고 해서 함부로 대하지 못하게 한 것이다. 곡좌에서 단적으로 보
여주는 것처럼 기본적으로 세자빈이나 왕비는 민가에서 왕가로 들어오는
오르막 인생인데 반해, 왕녀는 궁중에서 민가로 내려가는 내리막 인생이다.
물론 궁중으로 들어오는 것이 진정한 오르막인지는 몰라도, 부귀를 경험한
자에게 낮은 곳에서의 시집살이는 견디기 어려운 일이었을 것이다.

　　화완옹주는 결국 강화도로 유배되었다. 그전에 정조가 장인 김시묵의
죽음을 슬퍼하자, 장인의 죽음을 계기로 정조가 세자빈을 불쌍히 여기고 사
랑할까봐 '그게 무슨 큰일이라고 이처럼 슬퍼하시오' 라는 망언을 했다고 한
다. 혜경궁이 화완옹주의 이 말을 꾸짖자, 화완옹주는 바로 잘못을 시인하며
'이 말로 인하여 내 아들은 살지 못하고, 며느리와 손녀는 다 노비가 되고,

나는 귀양을 가서 가시울타리 둘린 집에 살 것이다. 그래도 이 죄를 용서받지 못하리라'라고 말했다 한다. 화완옹주는 과연 그 말처럼 되었다.

화완옹주는 강화도에서 곧 남편의 무덤이 있는 파주로 옮겨졌고, 1790년에는 몰래 서울로 들어와 살았다. 이것이 조정에서 문제가 되었지만, 조카 정조의 비호를 받아 다시 처벌을 받지는 않았다. 일설에 화완옹주는 어머니 선희궁의 사당에서 살았다고 한다. 사당은 지금 청와대 서쪽 서울맹학교 안에 있다. 정조는 자신이 죽기 직전 해인 1799년 화완옹주를 풀어주었다. 화완옹주는 모진 목숨을 근근이 이어갔고, 자기가 가장 시기한 올케 혜경궁이 다시 한창 빛을 보기 시작한 1808년에 일흔한 살의 나이로 숨을 거두었다.

기생 끼고 뱃놀이까지, 궁녀

궁중에는 떠받들어지는 소수의 지존도 있지만 다수는 그들을 받드는 사람들이었다. 그들 중에 여성으로는 비빈과 왕녀의 병을 돌보는 의녀도 있었고, 궁중 잔치에 동원되는 기녀도 있었지만, 대개는 궁중의 갖은 일을 맡아보는 궁녀들이었다. 궁녀에게도 계급이 있는데, 이규경의 『오주연문장전산고』를 보면 궁녀는 항아姮娥, 궁비宮婢는 무수리라고 한다고 하였다. 우선 궁녀와 궁비가 엄격히 나뉘는 것이다. 궁녀는 지존을 섬기는 사람이고, 궁비는 궁녀를 따르는 사람이다. 궁비는 궁중으로 출퇴근을 하기도 하는데, '무수리' '각심이' '손님' '방자房子' 등으로 불렸다.

『오주연문장전산고』에는 또 궁노宮奴는 별감이라고 하고 궁녀는 항아라 한다고 하여 별감과 궁녀를 병칭하고 있는데, 이 둘은 기실 한 뿌리이며 한통속이라 할 수 있다. 『한중록』에서도 별감이나 별감에서 승진한 계급인

사약의 딸 가운데서 궁녀를 뽑으려고 하는 것을 볼 수 있고, 또 위에서 언급한 문녀의 경우 오빠 문성국이 별감인데 이들이 함께 수작을 꾸몄음을 볼 수 있다. 그 수작 가운데 하나가 자기 딸을 궁녀로 넣지 않으려고 문성국을 통해 임금에게끼지 말을 넣은 사약 김수완의 일이다. 별감과 궁녀가 한 뿌리 한통속이라도 먹고살 만하면 자기 딸을 궁녀로 만들고 싶지는 않았던 모양이다. 누가 썼는지 알 수 없는 한글가사 「궁녀사宮女詞」에 궁녀의 고초가 잘 나타나 있다.

어쩌다 궁녀 된 몸
꿈속에 앵무 되어 그리느니 부모동생
한양 성중 멀다 한들 십 리밖에 더할손가
낮이면 그려 자고 밤이면 꿈에 뵈니
간장이 철석인들 아니 녹고 어이하랴
이탈저탈 백탈하여 겨우 굴어 패牌를 얻어
집이라 바삐 나와 부모동생 일가친척 반긴 후에
겨우 하루 머물면서 알뜰히 그리던 회포 다 못 펴서
입자패入字牌 났다 하고 문밖에 전하는 소리 발발하니
삼혼이 날고 칠백이 흩어지니 명년 봄에 다시 보기를 언약하고

궁녀는 정기 휴가가 아니면 이 핑계 저 핑계로 말미를 얻어 본가로 돌아갈 날만 기다린다. 시부모 없는 시집살이와 다를 바 없는 엄숙한 궁중이 답답할 터이니 부모 형제를 그리는 심정은 더욱 간절할 것이다.
규율과 엄숙을 견뎌야 하는 궁녀에게도 나름의 낙이 없지는 않았다. 「궁

녀사」에는 '김상궁과 이상궁이 형제라도 일컫고 벗으로도 언약하여/ 금수錦
繡로 피리 불고 옥병玉甁으로 장구 삼아/ 한 병 술 너도 잡고 나도 잡아/ 춤추
고 노래하니 즐겁기도 측량없다'고 했다. 궁녀들이 억제된 궁중을 벗어나 기
생을 대동하고 꽃놀이나 뱃놀이를 다니는 모습은 상상하기조차 어려운데, 이
런 행태가 『조선왕조실록』에까지 기록되어 있다. 심지어 궁녀들은 재상집의
강가 정자나 별장까지 마구 들어가 놀면서 외설적인 일까지 벌였다고 한다.
보다 못한 정조가 궁녀의 놀이를 금하는 하교까지 내릴 지경이었다.

　궁비와 궁녀라는 계급뿐만 아니라 궁녀 자체에도 다시 계급이 있는데,
아래로 내인에서 시작하여 그 위로 시녀, 그리고 최고 지위로 상궁이 있었
다. 『한중록』을 보면 혜경궁을 따라 궁중에 들어온 집안의 여종이 정조에게
공을 인정받아 시녀 임명을 받았고, 나중에는 상궁에까지 임명되는 유례없
는 은전을 입어 혜경궁이 오히려 불안해했다고 한다. 상궁은 그만큼 막강한
자리였던 것이다. 위에서 말한 이상궁은 승은을 입었기에 그럴 수 있었는지
몰라도, 위의 정조 하교에서 볼 수 있는 것처럼 상궁은 재상집을 대수롭게
여기지 않을 정도의 위세가 있었다. 최고 권력에 가장 가까이 있으니 누구
도 그 권력을 무시할 수 없었던 것이다.

궁중 문화의 전수자, 상궁

『한중록』에서 상궁의 위세를 가장 잘 보여주는 사람은 최상궁이다. 혜경궁
은 최상궁을 처음 봤을 때를 "풍신이 크고 늠름하여 작은 궁녀 모양이 아니
더라"라고 기억하고 있다. 혜경궁 아홉 살 때인 재간택 이튿날의 기억으로,
환갑 때까지 남은 것으로 보아 매우 인상적이었던 듯하다. 이미 실질적으로

세자빈 결정이 끝나 혜경궁이 혼례 때 입을 옷을 맞추러 온 것인데, 혜경궁 친정에서는 최상궁 일행에 대한 대접을 극진히 하여, 걸음 걷는 곳에 자리를 깔고 거처로 정한 방에는 비단자리를 깔고 고급 돗자리인 등메를 돋우어 앉세 했다고 한다. 혜경궁의 이머니는 동서 시누이외 더불어 그들을 접대하였는데, 내인들이 역사와 예의를 잘 알아 가볍게 볼 수 없는 상대라고 했다.

최상궁은 원래 경종 임금의 내인이었다. 그러다 사도세자가 태어나자 그 보모로 일했다. 사도세자가 어릴 때 최상궁은 한상궁과 교대로 사도세자를 돌보았는데, 어느 날 한상궁이 최상궁에게 "사람마다 충고만 하면 아기씨 마음이 울적하여 펼 길이 없을 것이니, 그대는 엄하게 옳은 길로 인도하고, 나는 놀아주어 마음을 펴게 하는 게 어떻겠소"라고 제안했다고 한다. 그리하여 한상궁은 나무와 종이로 월도月刀도 만들고 칼도 만들고 활과 화살도 만들어, 최상궁이 일을 끝내고 내려가면 어린 궁녀들을 문 뒤에 숨겨두었다가 자기가 만든 무기를 들고 소리 지르며 세자에게 달려들게 하는 놀이를 했다고 한다. 최상궁은 보육 교사 가운데도 엄한 선생님이었던 것이다.

최상궁이 얼마나 엄정 당당했는지는 다음 일화가 잘 보여준다. 혜경궁이 별궁에서 혼례 준비를 하고 있을 때, 처음으로 부모를 떠나 자게 되어 매우 슬퍼했다고 한다. 혜경궁의 어머니 또한 마찬가지여서 혜경궁의 처소로 왔는데, 이를 본 최상궁은 조금도 망설이지 않고 "나라 법이 그렇지 않으니 내려가옵소서"라며 박절하게 돌려보냈다는 것이다. 장차 왕비가 될 사람의 어머니에게 인정상으로도 백번 이해가 되는 사소한 일에까지 이렇게 엄격히 할 수 있었다는 것에서, 궁중 예법 전문가로서의 권위가 느껴진다.

최상궁의 당당함은 비단 세자빈에게만 해당되는 것이 아니었다. 임금에게도 자기 의견을 거침없이 내놓았던 것이다. 1756년 한날 영조는 사도

왕비와 상궁. 중앙의 인물이 윤비이고, 윤비 뒤 왼쪽이 천일청 상궁, 오른쪽이 김충연 제조상궁이다.

세자 처소로 불시에 행차했다. 마침 사도세자는 세수도 하지 않고 옷도 흩뜨린 채 있었다. 영조는 사도세자의 병은 생각하지 못하고 술에 취해 그런 줄로 알았다. 당시는 영조가 금주령을 내리고 자신부터 그것을 엄히 지키고 있던 때였는데 아들이 감히 그 명령을 어겼다고 생각했다. 영조는 사도세자를 다그치기 시작했다. 원래 사도세자는 아버지 앞에서는 얼어붙어 아무 말도 못 하는 성격이라, 부왕이 거세게 몰아세우자 먹지도 않은 술을 먹었다고 거짓 대답을 하고 말았다. 이때 최상궁은 영조에게

"술 잡숫는다는 말씀은 지극 원통하오니 술내가 나는가 맡아보소서."
하고 당당히 자기 의견을 폈다. 세자도 두려워 아무 말 못 하는 영조에게 '미천한' 상궁이 당돌히 발언한 것이다. 사도세자는 오히려 자기가 무안하게 된 상황이라

"먹고 아니 먹고 내 먹었노라 아뢰었으면 자네 감히 말을 할까 싶은가, 물러가소."
라고 도리어 최상궁을 질책하였다. 그러자 영조는

"너, 내 앞에서 상궁을 꾸짖으니, 어른 앞에서는 견마犬馬도 꾸짖지 못하는데 그리하는가."
라고 도리어 사도세자를 꾸짖었다.

궁궐의 살림꾼인 상궁은 보육 교사이자 엄정한 궁중 법도와 문화의 전수자였다. 그들은 자신이 어려서부터 배운 것처럼 좀처럼 입을 열지 않았지만, 그렇다고 그들이 모시는 사람을 마냥 존경하고 떠받들지만은 않았다. 조선 최후의 상궁 김명길은 회고록 마지막에서 다음과 같이 말하였다.

육십 평생을 궁중에서 살면서 느낀 것은, 왕족이나 양반이라고 자처하는 사람들의 대부분은 알맹이가 텅텅 빈 껍데기에 불과했다는 사실이다. 어찌 보면 천민賤民이라는 기생보다도 더 굴욕적인 자세로 일생을 편하게 지낸 사람도 있었으니, 지나간 이야기라고 눈감아버리기에는 너무 안타까운 일이 많았다.

왕의 까다로운 입을
어떻게 맞출 것인가

◉

조선 왕실의 건강법, 식치食治

김호 · 경인교대 사회교육과 교수

예방豫圖의 철학

19세기 전반에 주로 활동한 항해沆瀣 홍길주(1786~1841)는 형 홍석주의 약계藥戒라는 글을 비판한 적이 있다. '병이 난 뒤에 비로소 약을 쓴다' 는 홍석주의 언급을 문제 삼은 것이다. 홍길주는 근래 수십 년 사이에 고질병을 치료했다거나 위중한 병에서 회복되었다는 사람에 대해 들어본 적이 없다면서, 도리어 병이 없을 때 날마다 의원과 약물을 가까이한 경우 칠팔십을 넘겨 건강을 누린 사람이 많다고 반박했다.

홍길주는 사람이 병이 나서 약을 써도 효과를 보기 어려운 것은 원래의원의 기술이 변변치 못하기 때문이라고 보았다. 그렇더라도 평소에 병이 없을 때 의원을 늘 가까이하여 자신의 타고난 내장기관이 어디가 약한지 또 어디가 튼튼한지를 미리 알게 해두어 가끔씩 약물을 조제해 부족한 데를 보충해야 병들지 않는다고 말했다. 병이 생긴 뒤에 비로소 약을 쓰면 비록 훌륭한 의원일지라도 수고로움이 배가 되기 때문이다.

홍길주가 '미리 미리豫'를 강조한 이유는 단지 병 때문만이 아니었다. 19세기 조선사회는 나날이 잘못돼가고 있었다. 안으로는 조정에서, 밖으로는 지방 고을에 이르기까지 군역의 혼란과 가중된 세금으로 수십 가지 계책을 마련해도 별 소용이 없었다.

홍길주는 만일 수십 년 전에 미리 조정의 인사들이 오늘의 다급함을 대비하듯 계획을 세웠더라면 이 같은 지경에 이르지 않았을 것이라고 통탄하였다. 그리고 일갈했다. 미리 대비한다는 의미의 예豫야말로 모든 일의 바탕이라고 말이다.

사실 사람들은 장차 병에 걸릴까 걱정할 때나 혹 병중에 조금 차도가 있게 되면 지금이라도 좋은 처방을 내어 이후를 예방해야겠다고 말한다. 하지만 말은 그렇게 하면서도 금방 마음이 해이해져서 병들었을 때의 초조함과 다급함을 잊게 된다. 그러고는 그럭저럭 지내게 된다. 그러다가 덜컥 병이 도지거나 깊어지면 그제야 근심 걱정이 많아진다. 이때는 후회해도 소용없다. 병이 난 뒤에 약을 써본들 이미 늦었기 때문이다.

전통사회에서 '치治'는 불안정[亂]을 안정으로, 비정상을 정상으로, 무질서를 질서로, 질병을 무병無病으로 바꾸는 행위와 연관되어 있다. 치가 잘되면 개인은 훌륭해지고, 집안은 평화로우며, 사회는 정의로워지고, 국가와 천하는 태평성세를 이룬다.

이미 『예기禮記』에서 '예禮란 일이 생기기 전에 제재하는 것이요, 법法이란 일이 생긴 후에 제재하는 것'(『대대예기大戴禮記』「예찰편禮察篇」禮者 禁於將然之前 而法者 禁於已然之後)이라고 언급한 바대로, 치(다스림, 억제 제재)에는 두 가지 차원이 있다. 한 차원은 어떤 사태가 벌어지기 전[事前]에 '치' 하는 것이요, 다른 차원은 어떤 사태가 발생한 이후[事後]에 '치' 하는 것이다.

또한 고대 중국의 대표적인 의학 경전인 『내경』에는 "성인은 이미 발생한 병을 치료하지 않고, 아직 발생하지 않은 병을 치유한다. 성인은 이미 일어난 혼란을 다스리지 않고, 아직 일어나지 않은 혼란을 다스린다"(『황제내경소문素問』四氣調神大論 "是故聖人不治已病 治未病 不治已亂 治未亂")고 하였다. 발병하기 전에 미리 조섭과 양생을 통해 예방하는 것으로 다스리는 방법을 우선하였다. 양생은 단순히 신체의 단련만을 의미하지 않았다. 이보다는 심신心身의 조화로운 수양을 강조했다.

이처럼 최고의 다스림은[治]은 우려할 만한 사태를 미연에 예방하는 것이다. 무질서가 나타나기 전에 질서를 잡는 것이다. 병이 들기 전에 몸을 조섭하는 일이다. 그러나 아무리 미연에 예방을 잘한다고 해도 말처럼 치가 쉬운 것은 아니므로 늘 문제는 결국 불거지기 마련이다. 이때는 사후 약방문이라도 이를 통해 잘 다스려야 한다. 그렇지 않으면 사태는 더욱 악화되고 걷잡을 수 없는 상태로 치닫기 때문이다.

유학에서는 완전한 인간이 되기 위하여 자신의 선한 본성을 잘 다스려 부도덕한 행위, 부정한 모습으로 전락하지 않는 극기克己를 요구한다. 이것이 바로 덕德[禮]으로 다스리는 것이다. 덕치德治는 사전에 다스리는 방법이다. 반면 아무리 극기하려고 노력해도 안 되는 경우가 발생한다. 인간의 욕심이 선한 본성을 훼손하기 때문인데, 이때는 불가피하게 사후의 방법으로 형벌과 같은 불가피한 방법을 사용할 수밖에 없다. 이것이 바로 법치다. 덕치가 사전의 수단이라면, 법치는 사후의 수단이다. 유학자들은 덕치를 법치보다 우선하였다. 법치는 마지못해 동원하는 수단이므로, 이를 일삼게 되면 결국 덕치를 포기하는 데 이를 것이라고 우려했다. 공맹 이후의 유가들이 늘 법치를 문제 삼는 이유도 여기에 있다. 이것은 사전에 힘을 기울이지 않은 채 사후에 불가피한 수단에만 목을 맨다는 지적이다.

유가의 덕치〔禮治〕 논리는 질병의 치료에도 그대로 적용된다. 병이 나기 전에 미리 조섭하는 예방, 즉 양생養生이 중요하지 병들고 난 후의 처치는 그다음이라는 생각이다. 덕치에 해당하는 것이 바로 식치食治라면, 법치에 해당하는 것이 약치藥治다.

유학자들은 덕치에 힘을 쏟는 만큼이나 식치—조섭調攝과 양생을 포함한 예방법—를 우선하였다. 약물은 사후의 불가피한 형벌과도 같은 것이다. 따라서 '조섭에 실패하여 병이 들었다'는 사실 자체는 한 사람의 도덕적 완전함을 훼손하는 증거이기도 했다.

조선의 사대부들이 얼마나 건강에 주의했는지는 그들의 사생활을 기록한 일기 등에 자세히 나와 있다. 사대부들이 건강에 그토록 많은 신경을 쓴 이유는 실제 건강을 잃을까봐 주의한 측면도 있지만, 이보다는 건강을 잃었다는 사실이 자신의 도덕적 결함을 드러내는 일이었기에 더욱 조심한 측면이 강하다.●

오늘날 우리는 흔히 '의식동원醫食同源'이라 하여 의약이나 음식이 공히 사람의 몸을 보하는 동일한 원천이라고 여기지만, 적어도 조선의 유학자들에게 식食은 의醫보다 훨씬 중요했다. 이는 단지 '음식'이 중요하다는 말이 아니다. 조선인의 멘탈리티 속에 의와 식은 사후와 사전, 성인聖人과 소

●　조선시대 관리들의 수많은 사직辭職 상소를 보면, 건강을 이유로 사직을 청하고 있다. 이는 실제 건강이 나빠 사직하겠다는 말도 되지만 그 이면에는 자신의 도덕적 결함과 부족함을 드러내고자 하는 문맥이 깔려 있었다.

인小人, 완전한 자와 불완전한 자, 자기통제가 가능한 자와 그렇지 못한 자 등의 '사회적 가치'를 강하게 품고 있는 말이었다.●

조선의 대표적인 식치 의서 『식료찬요食療簒要』

세조는 1463년(세조 9) 『의약론』을 지어 신하들에게 보이고, 어의를 동원하여 주석을 달고 인쇄해 세상에 보급한 적이 있다. 세조는 이 글에서 여덟 가지 의사를 논했다. 그 유형을 보면, 첫째가 심의心醫요, 둘째가 식의食醫이며, 셋째가 약의藥醫, 넷째가 혼의昏醫, 다섯째가 광의狂醫, 여섯째가 망의妄醫, 일곱째가 사의詐醫, 여덟째가 살의殺醫다.

먼저 심의는 사람으로 하여금 항상 마음을 편안하게 가지도록 가르치는 자다. 병자의 마음이 동요하지 않게 하여 위태할 때

『식료찬요』 저술의 모태가 된
『의방유취』와 『향약집성방』

● 오늘날에도 '비만한 자'를 '자기절제가 부족한 사람'으로 폄하하려는 경향이 나타난다. 이는 음식과 관련한 언어와 표현들에 이미 사회적 가치가 내재해 있음을 보여주는 징표이다. 특히 조선시대에는 무절제한 욕망의 표출, 특히 식색食色이야말로 가장 절제해야할 것이었다. 마른 영조와 비만한 사도세자의 갈등도 이와 무관하지 않았다.

에도 큰 해가 없게 하고, 환자가 원하는 것이 있으면 이를 곡진히 따르는 자다. 마음이 편안하면 기운도 편안해지기 때문이다. 그렇다고 해서 병자와 함께 술을 마시고 취해서 깨어나지 못한다면 심의가 아니라고 말한다. 심의는 실로 세조가 으뜸으로 친 의사다. 병들기 전 양생을 우선하며, 병든 후 치료할 때도 환자의 마음에 맞추어 강제하지 않는 무위지치無爲之治를 행하는 까닭이다. 그러나 사실 이는 일종의 상징적 바람일 뿐, 현실적으로는 거의 불가능한 치료법이다.

그러므로 의사 가운데 실질적으로 최고라 칠 수 있는 자는 식의가 된다. 식의는 입으로 음식을 달게 먹게 하는 자다. 입이 달면 기운이 편안하고, 입이 쓰면 몸이 괴로워지기 때문이다. 그렇다고 음식을 가리라는 뜻은 아니다.

음식에도 차고 더운 것이 있어서 처방하여 치료할 수 있다. 그러니 어찌 쓰고 시어야 한다거나 마른풀이나 썩은 뿌리를 먹어야 낫는다고 핑계하겠는가? 과식을 막지 않는다면 이 또한 식의는 아니다.

이것이 식의에 대한 세조의 주장이다. 세조의 논설이야말로 식치를 가장 적절하게 표현한 것이리라.

이처럼 세조는 식의에 크게 주목했다. 당시 이와 같은 임금의 뜻을 받들어 식의의 중요성을 한 권의 책으로 집대성한 인물이 있었다. 명의 전순의全循義가 주인공이요, 그 저술이 바로 『식료찬요』다.

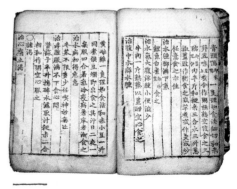

『식료찬요』

1460년(세조 4)에 편찬된 『식료찬요』는 조선전기 식치 의학을 종합한 것이다. 그 처방들이 대개 『향약집성방』이나 『의방유취』와 일치하는데, 이는 거질의 『향약집성방』이나 『의방유취』에서 식치 의학의 정수만을 따로 모아 저술했기 때문이다. 이 책의 서문에는 식치의 중요성이 잘 드러나 있다.

"사람이 세상을 살아가는 데 음식이 으뜸이고 약물이 다음이다. 시기에 맞추어 바람과 추위와 더위와 습기[風寒暑濕]를 막아주고, 음식과 남녀관계를 절제한다면 무슨 이유로 병이 생기겠는가?(…) 옛 선조들이 처방을 내리는 데 먼저 음식으로 치료[食療]하고, 음식으로 치료가 되지 않으면 약으로 치료한다고 했으니, 음식의 효능이 약의 절반이 넘는다 하겠다. 또한 병을 치료하는 데 당연히 오곡五穀, 오육五肉, 오과五果, 오채五菜로 해야지, 어찌 마른풀과 죽은 뿌리에 치료법이 있겠는가? 이것이 고인이 병을 치료하는 데 음식으로 한 이유다."

(『식료찬요』 서문 중에서)

전순의는 세종대와 세조대에 걸쳐 활약한 조선전기의 어의로, 세종대

『동의보감』의 양생론

조선 의학을 논하면서 17세기 초반의 『동의보감東醫寶鑑』을 빼놓을 수 없다. 허준은 이를 통해 조선 성리학의 인간관, 즉 마음의 수양을 강조하는 철학을 '몸'의 수련으로 확장하였다. 허준은 '자연을 닮은 인간'을 강조함으로써, 자연스럽게 조선유교의 정치 이념과 도덕의 준수를 심신 수양의 기초로 삼았다. 다시 말해 양생의 철학과 실천 윤리를 하나로 통합해 제공한 셈이다. 이 점에서 그는 유의儒醫였다. 유의는 의원이지만 유학에 밝은 자이며, 유학자이지만 의학에 밝은 자를 말한다. 즉 성리학과 의학에 모두 해박한 경우다.

『동의보감』, 허준, 조선, 종이에 먹, 33×21.3㎝

인 1445년에 365권이나 되는 동양 최대의 의학 백과사전인『의방유취』편찬에 참여했다. 1447년에는『침구택일편집鍼灸擇日編集』을 김의손金義孫과 함께 저술했고, 이후『산가요록山家要錄』으로 조선의 고유한 음식과 술 제조법을 정리하기도 했다.

　한편 전순의의 다른 저서인『산가요록』에는 조선 왕실의 대표적 식치 음식으로 자리잡은 전약煎藥의 원형이 소개되어 있다. 이른바 '우무 전과煎果'가 그것이다. 전순의와 같은 식의에 의해 왕실 식료품으로 개발된 것이다. 우무 전과는 우뭇가사리의 젤라틴에 꿀과 후추 등 약간의 향신료를 첨가해 만든 것으로, 쫄깃하면서 달콤하고 이국적 향신료의 풍미까지 곁들여진 음식이다. 이것은 동짓달에 정기적으로 진어進御되는 보양식이 되었고, 나중에는 중국이나 일본 등 외국 사신에게 접대하는, 이른바 조선을 대표하는 음식으로도 각광받았다. 겨울철에 몸을 따뜻하게 해주고 기운을 북돋아주는 약효가 있을 뿐 아니라 계피와 후추, 꿀 등이 첨가된 쫄깃한 젤리의 맛 또한 극품極品이었기 때문이다.

이렇게 해서 탄생한 약선 음식에 약반藥飯과 두장豆醬 그리고 전약 등이 있다. 이들은 조선인뿐만 아니라 중국 등 외국인들도 두루 좋아하는 동아시아의 음식으로 발전했다. 이는 맛과 치료라는 두 가지 목적을 모두 달성하려던 조선의 식의 철학이 이룬 개가다.

조선 왕실의 식치 음식들

1. 죽粥

↳ **쌀죽:** 조선 왕실의 대표적인 식치 음식은 바로 죽이었다. 앞으로 살펴보겠지만 죽의 종류는 수십여 종에 달한다. 또한 죽을 진어하는 시각도 늦은 저녁에서 새벽녘까지 시각에 구애받지 않았다. 가장 일반적인 경우는 흰 쌀죽이다. 인조 9년 인후咽喉와 두통을 앓고 있는 자전을 위하여 새벽에 흰 죽이 진어되었다. 설사가 심해 탈수 증세가 있고 기운이 떨어진 경우 보통 백죽이 사용되었다.

↳ **타락죽:**『승정원일기』를 조사해보면 왕실에서 가장 많이 진어되던 죽은 바로 타락죽駝酪粥이었다. 한마디로 왕실을 대표하는 죽이라고 할 만한다. 쌀을 담가 불린 후 갈아놓은 데다가 우유를 넣어 뭉근하게 끓여내는 타락죽은 왕실에서 늘 복용하던 식치 음식이었다.

이 죽은 보통의 찬품饌品과는 다른 대접을 받았다. 그도 그럴 것이 다른 죽들이 대개 식물성인 데 비해 타락죽은 우유를 이용해서 만들어졌기 때문이다. 원기를 돕고 비위脾胃를 조화롭게 하는 데 없어서는 안 되는 음식으로 평가되어 특별히 사복시司僕寺에서 한두 마리의 암소를 길러 백성에게 폐해가

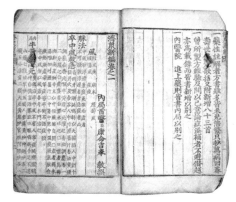

1799년(정조 23)에 편찬된 의서醫書 『제중신편』. 조선 왕들의 식치 음식인 죽에 관한 것 대부분은 이 책에 기록되어 있다.

가지 않도록 하면서 늘 우유를 구할 수 있도록 조처한 것이다. 사복시에서는 가능한 한 병들지 않은 소를 가려서 젖을 받아야 하며, 우유를 짤 때도 어의御醫가 이를 감독하여 양질의 우유로 죽을 만들어야 했다. 반드시 내의원 제조提調가 먼저 맛보고 봉진封進하도록 했다. 특히 열이 심한 증세이면서 비위를 보할 필요가 있을 경우 타락죽을 식혀 차가운 상태로 진어하기도 했다.

　약을 자주 복용하는 것은 폐단이 있지만 타락죽은 간단하면서도 효과가 크니 이를 폐지해서는 안 되며 비위의 보양에는 타락만 한 것이 없으므로 수시로 드시는 것이 좋다는 의견은 자주 산견된다.

　타락죽이 더욱 효과를 드러낸 때는 바로 상중喪中 소식素食의 경우다. 상중에는 육찬肉饌을 할 수 없으므로 오랫동안 소식을 하면 건강했던 사람도 병이 날 가능성이 컸다. 이때 타락죽은 충분한 영양분을 제공해주는 유일한 음식이었다.

✦ 녹두죽: 이 죽 역시 자주 이용되었다. 특히 열기를 내려주는 약제와 함께 진어되는 경우가 많았다. 녹두의 찬 성질을 이용한 것이라고 할 수 있다. 인조 9년 임금의 얼굴이 화끈거리고 허로虛勞한 증세가 이어지자 청심원淸心元과 함께 녹두죽이 진상되었다. 인조 10년에도 몸에서 번열煩熱이 나기 시작해 저녁 무렵에 더욱 심해지자 녹두죽이 납설수와 함께 진어되었다. 납설수 역시 지난 섣달에 내린 눈을 녹인 물로 열기를 내리는 녹두죽과 함께 사용되었다. 또한 인조 9년에 자전慈殿이 종기가 부어오르는 증세로 고생하자 이를 침으로 터트려 독기를 소산消散하고 녹두죽으로 열기를 다스리도록 했다.

✦ 연자죽: 연근을 갈아 얻은 녹말 성분을 우분藕粉이라 하는데 이를 멥쌀과 함께 죽을 쑤어 먹는 것이다. 특히 약물을 복용한 후 연자죽을 연이어 섭취해 원기를 북돋는 데 활용되었다. 연자죽은 죽음粥飮을 연이어 복용하여 중기中氣가 허약해진 증세를 치료하는 데 있어 열을 내리고 비위를 보하는 특효가 있었다. 여기에 산약山藥 가루를 첨가하여 효과를 강화하기도 했다.

✦ 산약죽: 산약을 연자죽에 첨가하기도 하지만 따로 멥쌀과 함께 죽을 쑤어 진상하기도 했다. 산약죽 역시 중기가 허한 증세를 치료하는 데 효험이 있었다. 특별히 찹쌀가루를 넣어 걸쭉하고 찰지게 쑤어 차게 식혀 진어하기도 했다. 설사 증세가 심해 기운이 떨어지는 경우에도 산약죽을 진어한 기록이 있다.

✦ 청량미죽: 청량미靑粱米를 끓여 그 찌꺼기를 제거한 후 맑은 미음을 차 대신 먹도록 하였는데, 이를 통해 기운을 보하고 갈증을 해소할 수 있다

고 보았다. 인조 임금의 곽란 증세가 남아 있자 평위산平胃散과 함께 청량미 죽이 진상되었다.

✦ 율무죽: 율무죽의 경우 숙종이 이질 증세와 번열로 인해 밥도 먹지 못하고 또 미음이나 죽을 먹고는 바로 토하는 증세를 보이자, 여항에서 율 무를 살짝 볶아 죽을 만들어 먹는데 미음보다 좋다는 이야기를 하면서 진어 되었다. 율무는 별찬別饌으로 인정되어 왕실에서 억지로라도 먹게 한 것으 로 보인다. 영조는 율무같이 도움이 되는 음식을 때때로 먹으라는 권유를 받았지만, 어릴 때부터 좋아하지 않았다며 거절하기도 했다.

✦ 부추죽, 흑임자죽: 토혈 증세에는 부추죽이 진어되기도 했다. 흑임 자죽은 기름기가 많아 이를 싫어하는 경우도 있었지만 하원下元에 가장 좋 다고 하여 진어되었다. 영조는 행인죽杏仁粥의 냄새를 싫어해 먹지 않은 경 우도 있다. 인조 9년 자전의 병세에 붕어구이와 함께 모주죽母酒粥 약간이 진어되고 있는데 무엇인지 정확하지 않다.

✦ 양죽: 육류를 넣어 끓인 양죽이 있다. 소 위를 일컫는 양은 보양 음 식으로 널리 활용되었다. 주로 구워 먹거나 찜을 하는 경우가 보통인데 죽 을 쑤어 진어하는 경우도 발견된다.

✦ 인삼속미음: 미음 종류도 다양하다. 각종 재료에 따라 다양한 이름 으로 불리지만 미음의 대표는 역시 인삼속미음人蔘粟米飮이다. 숙종이 말년 에 오심惡心 증세로 고생하자 수라를 거절하는 일이 발생했다. 이에 인삼속

경혈을 나타내는 인체상, 조선,
청동, 높이 86cm, 국립고궁박물
관 소장.
전신에 경혈을 점으로 새겨 표
시하고, 기혈의 흐름을 선으로
나타냈다. 궁중 내의원에서 사
용했던 것으로 추정된다.

미음이야말로 위기胃氣를 보하는 가장 좋은 식치
음식이라 하여 진어되었다.

✢ 밥: 죽과 함께 밥 종류도 다양하다. 먼저 잡
수라자즙雜水剌煮汁이라고 하여 잡곡밥을 물에 끓
여낸 숭늉을 미음 대신 진어하는 경우다. 말년에
숙종은 복수가 차올라 포만감과 함께 입맛이 떨어
지며 원기를 잃었다. 이에 원기를 보하는 데에는
곡식만 한 것이 없다면서 잡곡밥[雜水剌]을 진어하
고 있다. 잡수라자즙은 바로 이 잡곡밥을 끓인 미
음이다.

밥에 팥을 두어 지은 팥밥[豆水剌]이나 보리밥
에 콩을 넣은 경우, 그리고 보리밥 등도 진어되었
다. 특히 영조는 보리밥을 매우 좋아했다. 여항 사
람들은 보통 여름에 보리밥을 먹는 일이 많은데,
일전에 수라를 싫어하자 보리밥[맥수라]을 준비한
적이 있으므로 보리밥을 진어하겠다고 한 것이다.

2. 약차藥茶

✢ 인삼차: 왕실의 대표적 약차는 인삼차와 금
은화차金銀花茶이다. 인삼차야말로 가장 자주 진어
되는 약차로 원기를 회복하는 데 사용되었다. 특히
상선常膳을 회복하지 않은 경우 미음 등 곡기로 비

위를 보하고 인삼차로 기혈을 보하는 처방으로 삼았다.

✦ 청피차: 청피차靑皮茶는 쌓인 독을 풀어주고 기운을 원활히 해주는
특효가 있어 따뜻하게 덥히고 사탕을 넣어 진어했다. 금은화차는 열기를 식
혀주는 데 특효가 있는 차로 자주 활용되었다. 때문에 침을 맞은 후 생맥산
과 함께 열을 내리고 원기를 보하는 약차로 우황가루를 섞어 진어되었다.
약물에 비해 잘못 쓸 경우 큰 문제가 없었던 약차가 자주 진어되었다.

✦ 건갈차, 생강차: 풍한으로 인해 학질이 된 경우 열을
치료하기 위해 건갈차乾葛茶를 복용했다. 특히 번갈煩渴을 막
아 치료 효과를 높일 수 있다고 보았다. 생강차(탕) 역시 자
주 진어되는 약차의 한 종류였다.

✦ 마통차: 마통차는 제주도의 어린 말이 겨울에 풀을
먹고 눈 똥을 말려 차로 마시는 것인데 눈을 밝게 하는 효능
이 있다고 알려져 있다. 영조 본인은 평소에 마통차를 좋아
하지 않는다고 말한 바 있다.

✦ 송절차: 금주령을 엄격하게 지켰던 영조는 술맛이
나는 송절차松節茶를 사람들이 좋아할까봐 걱정한 적이 있
다. 신열辛烈한 맛이 매우 강해 술꾼들이 금주령으로 술을 구
하기 어렵게 되자 송절차를 찾을 것이라고 본 것이다. 또한
두충杜冲을 달인 두충차도 진어된 약차 가운데 하나다. 마지

막으로 배나 생강 등의 즙을 이용해 가래 및 해수를 치료하기도 했다. 현종의 해수 증세에 『수세보원壽世保元』의 치담옹방治痰壅方을 이용하여 배즙, 생강즙, 박하즙, 꿀 등을 섞어 중탕으로 끓여 진어했다.

3. 특별식

왕실의 식치 음식이라고 하면 특별한 보양식을 떠올리기 쉽다. 그러나 앞서 살펴봤듯이 조선 왕실의 식치 음식으로 활용된 죽이나 약차는 매우 단순했다. 이제 살펴보는 특별식 역시 특이하거나 구하기 힘든 것들이 아니었다. 이는 왕실의 절제된 음식 태도를 보여주는 것이기도 한데, 가장 널리 진어된 음식으로는 구선왕도고와 붕어찜, 붕어구이 그리고 소 위[양]를 삶거나 찐 것들이다.

✦ **구선왕도고:** 구선왕도고九仙王道糕는 비위를 조화롭게 하고 원기를 보익補益하는 대표적인 식치 음식이다. 인조가 초년에 얼굴빛이 검고 음색이 희미한 증세를 보이자 문안한 신하들은 모두 폐위肺胃가 허약하기 때문

왕실에서 가장 널리 진어된 음식 중 하나였던 구선왕도고에 대한 내용은 『규합총서』에 자세히 실려 있다.

이라고 진단하고 구선왕도고를 자주 진어했다.

구선왕도고는 민간에도 널리 퍼져 19세기 편찬된 『규합총서』에 그 제법이 자세히 나와 있다. 각종 약재를 쪄서 가루를 만든 다음 이를 가지고 죽을 쑤거나 떡을 만들거나 다양한 방법으로 이용했다. 특히 밤이나 아침에 허기가 들 경우, 소화에 대비해 일종의 죽의 형태로 만들어 먹는 경우가 많았다. 영조는 개인적으로 떡을 싫어하여 구선왕도고도 떡보다는 죽의 형태를 좋아했다.

↳ **붕어찜**: 가장 널리 활용된 특별 보양식이었다. 특히 육찬을 하지 못할 경우 어물을 다양하게 활용하였다. 흰 죽과 함께 붕어찜이 자주 진어되었다. 영조는 64세가 다 되어 붕어죽의 참맛을 알게 되었다고 술회한 적도 있다.

효종대 소식을 하는 중전에게 보양을 위해 육선肉饍을 권하자, 소의 위는 고기라서 안 되지만 붕어찜은 가능하다고 한 바 있다. 특히 비위를 보하고 원기를 회복하는 성약聖藥으로 인식되었다. 붕어구이도 특별식으로 진어되었으며 붕어를 회로 먹는 경우도 자주 보인다. 붕어〔鯽魚〕가 비위를 보하는 가장 좋은 음식이라도 조심할 것이 있었다. 맥문동과는 상극이므로 이를 피하도록 했다.

↳ **닭, 메추라기**: 누런 닭과 메추라기는 맛이 좋고 원기를 크게 보하므로 식치 음식으로 자주 진어했다. 메추라기는 회로도 먹었는데, 영조대 김수규는 자신의 사촌 김만규가 병이 있었지만 의학의 이치를 잘 아는 까닭에 암순회鵪鶉膾〔메추라기 회〕를 200여 마리 먹은 후에 다 나았을 뿐 아니라 나이 육십에 질병이 없다면서 영조에게 메추라기회를 권한 바 있다. 이에 영조는

회를 좋아하지 않는다고 답했지만 메추라기 요리는 먹은 것으로 보인다.

새 요리는 닭이 가장 많이 이용되었다. 누런 닭[黃鷄]이 보양식으로 진어되었다. 닭고기는 위를 보하고 입맛을 북돋는 것으로 우양과 함께 널리 권해지는 식치 음식이었다. 특히 암탉은 삶거나 쪄서 먹는 것이 좋다고 했다. 영조는 소선素膳(당시 정성왕후 상)으로 인한 병을 치유하기 위해 계고鷄膏를 먹으면서 차라리 찜닭[水蒸鷄]이 더 낫다고 평가하기도 했다.

한편 닭고기는 만두로 만들어 먹기도 했다. 숙종 말년에 수라를 전폐하게 된 왕에게 죽음粥飮을 억지로 들게 하고 또 특별식으로 황자계혼돈黃雌鷄餛飩이라는 닭고기와 꿩고기를 소로 넣어 만든 만두가 진상되었다. 이외에 우족牛足 찜도 진어했다. 물론 나중에 만두와 우족처럼 기름진 음식은 좋지 않다 하여 만류되었다. 흥미로운 사실은 황자계혼돈은 중국의 의서『의학입문醫學入門』에 소개된 식치 음식을 보고 조선 왕실의 숙수熟手들이 새롭게 응용·개발한 음식이라는 것이다. 이밖에 도요새 고기도 보양식으로 이용되었다. 인조가 설사 등의 증세로 고생하자 산약죽과 함께 식치를 위해 도요새 고기를 진어한 바 있다.

✦ 소: 새 종류와 함께 대표적인 육찬은 소의 위 부위다. 양이라고 하거나 우두로 불리는 소 위는 삶아서 먹는 것이 보통인데 죽으로 만들어 먹기도 했다. 영조는 입맛이 매우 까다로워 평소에 양숙膤熟을 좋아하지 않았는데, 원기를 보하는 음식으로 올라오자 자못 담백하다고 좋아했다.

소의 골수骨髓[牛骨髓]도 보양식으로 진어되었다. 영조대 대왕대비전이 소식으로 병이 나자, 의관은 우수牛髓·우양牛膤·진계陳鷄 등을 추천했으나 평소에 좋아하지 않았다고 거절했다. 다음 날 이광사가 인삼차나 삼제蔘

劑는 양기를 돋울 뿐 소식으로 생긴 병에는 효험이 없다며 육미肉味를 권하고 우수가 현기증을 치료하는 데 효험이 있다고 진어하였다. 그러나 대왕대비전에서 사양하자 진상하지 못했다.

  ✦ 육즙肉汁: 육찬을 진어하지 못한 경우 육즙으로 원기를 회복했다. 사람의 젖도 보양식으로 사용되었다. 특히 약물을 오래 많이 먹게 되면, 그것도 준제를 사용하면 비위를 상하게 할 가능성이 높다고 보아 사람의 젖과 죽음을 수시로 진어하여 위기胃氣를 보하도록 했다. 녹혈鹿血이나 녹미鹿尾를 먹는 경우도 있었다. 영조는 녹미를 특히 좋아했다.

  ✦ 해산물: 바다에서 나는 것들 역시 보양식으로 널리 활용되었다. 제일의 해산물은 전복이었다. 전복은 생복이나 숙복〔죽이나 찜〕의 형태로 널리 진어되었다. 특히 생복을 회로 먹는 경우가 대부분이었다. 생선회를 먹는 경우도 많았다. 다양한 어류가 회로 진어된 사실을 알 수 있다. 굴탕〔石花湯〕도 진어되었다.
  영조는 소라에 관심을 가지고 이것이 먹을 수 있는 것인지 신하들에게 물어본 적이 있다. 자신은 먹어본 적 없다고 말하고 회로 먹을 수 있는지, 전복과는 어떻게 다른지 등을 구체적으로 묻고 있다. 입맛과 원기 회복을 위해 다양한 음식들이 논의되었음을 알 수 있다.

  ✦ 어란, 건어물: 한편 어란魚卵이나 건어물도 입맛을 돋우는 데 활용되었다. 영조의 까다로운 입맛 때문에 주원廚院에 들어온 각종 어란 가운데 송어 알이나 연어 알 외에 명태 알 등 다른 물종物種을 별정別定할지의 여부

를 묻자, 영조는 본래 어란을 좋아하지 않는다며 어선魚膳은 점점 맛이 비려 먹지 못하겠다고 답하고 있다. 영조는 고기뿐 아니라 건어물 종류 역시 짠 까닭에 좋아하지 않았다.

✤ 산채: 해산물 외에 송이와 같은 산채山菜 음식들도 진어되었다. 영조는 버섯류를 별로 좋아하지 않았는데 영조 9년 당시 진어한 송이는 매우 맛이 좋다고 평했다. 특히 동조東朝〔대왕대비〕께서는 매우 좋아하시므로 익혀 올리라고 하였다. 궁 밖 사람들이 삶아 익히는 법을 잘 알고 있으니 밖에서 삶아 올리도록 하라고 주문했다. 이외에도 대왕대비께서 기름기를 좋아하지 않으니 기름은 넣지 말고 진상하도록 했다. 기름이 많으면 고기 맛과 다를 바가 없다는 것이 그 이유였다.

영조의 입맛을 회복하기 위해 갓김치〔芥沈菜〕도 대령했다. 영조는 사람들이 혹 갓김치가 좋다고 하는데 먹어보니 맛이 파도 아니고 마늘도 아닌 게 좋은 줄 모르겠더라고 답하였다. 이에 어떤 신하가 서울에서 나는 갓은 맛이 좋지 않지만 회양이나 금성 등 산골에서 나는 것을 나무 항아리에 담으면 기가 막히다고 답하기도 했다.

✤ 사탕과 엿: 사탕과 엿은 단맛 때문에 입맛을 돕고 비위를 북돋는 음식으로 여겨졌다. 특히 쓴 약을 먹을 때 매우 긴요한 음식이었다. 다만 좋은 상품을 구하기 어렵다는 것이 문제였다. 이미 18세기에는 중국에서 다양한 사탕 제품이 수입되고 있었던 듯하다. 사탕과 달리 엿은 생강이나 계핏가루를 넣어 만들기도 했는데 영조는 어려서부터 매우 좋아한 것으로 건강乾薑 가루만을 넣어 만들도록 부탁했다.

✦ **특별식**: 이밖에 조금 특별한 식치 음식으로는 섣달에 내린 첫눈을 받아 모은 납설수라든지 침을 맞은 후 열을 식히고 갈증을 덜기 위해 수박이나 빙氷수라를 진어하기도 했다. 갈증이나 더운 여름에는 빙면류氷麵類〔일종의 냉면〕가 진어되었다. 영조는 이를 아주 좋아했던 적이 있었다.

또한 태수胎水(양수)가 진어되기도 했는데 특별히 조심해야 하므로 당시 약물에 밝은 김석주를 불러들여 의논하기도 했다. 술은 여성들을 위해 조금씩 진어된 경우가 많았다. 잠을 이루지 못하는 자전慈殿을 위해 모주母酒 약간이 올려진 바 있으며, 영조는 엄한 금주령을 내려 각전各殿과 각궁各宮에 진어하는 조반주早飯酒, 단오 날의 신자향온新煮香醞, 사명일의 물선주物膳酒 등을 혁파하면서도 대왕대비전의 경우는 예외를 둔 적도 있다. 어쨌든 영조는 술을 광약狂藥이라고 보아 절대 마시지 못하게 하는 등 매우 엄격하게 대처했다. 창포菖蒲로 만든 술이나, 내섬시에서 진배하는 오상사약초주五上司藥草酒 역시 명목을 남겨두면 이를 빙자하여 술을 빚을 수 있으므로 혁파하도록 했으며 제석방포주除夕放砲酒 역시 금지시켰다. 각종 술을 모두 금지했던 것이다. 술 역시 미리 미리 조심하지 않으면 마음을 방탕하게 하여 마음 내키는 대로 행동할 수 있기 때문이었다.

요컨대 조선 왕실의 건강법은 유교(성리학)의 이상대로 사태가 벌어지기 전에 미리미리 조심하는 것을 최우선으로 했다. 마음이 일탈하기 전, 다시 말해 미발심未發心의 제어를 거경 공부의 핵심으로 삼았던 성리학에서는 병이 들기 전에 예방하고, 약으로 치료하기 전에 음식으로 조섭했으며 심지어 술을 먹고 방종할까 두려워 아예 금주령을 내렸다. 조선 최고의 건강법은 성리학적 이상에 맞추어 사는 '절제하는 삶' 그 자체였다.

먼발치에서 왕을 느끼다, 왕실의 행차

◉

조선후기 경험된 왕실, 왕실의 재탄생

김지영 · 서울대 역사연구소 선임연구원

구중궁궐 속의 나랏님

조선시대 왕의 정치는 주로 궁궐 안에서 이루어졌다. '구중궁궐 속의 임금님' 이라는 말에서 알 수 있듯이 왕은 겹겹이 둘러싸인 궁궐 안의 존재로 여겨졌다. 이러한 인식은 백성들의 일방적인 것은 아니며, 왕의 모습을 자주 볼 수 없었던 당시의 현실을 반영한 것이다.

왕이 궁궐 밖으로 나가는 일에는 제한이 많이 따랐다. '수신-제가-치국-평천하' 라는 『대학』의 원리를 군주의 통치론에도 적용했던 조선의 성리학적 군주론은 군주 스스로 몸가짐을 단속하며 덕을 닦으면, 백성의 교화와 정치의 안정이 자연스레 이루어지는 것으로 여겼다. 때문에 군주가 백성들 앞으로 자주 나아갈 필요도 없고, 그렇게 해서도 안 되는 것으로 여겼다. 이러한 군주론은 임금의 행동 범위와 내용을 매우 제한적인 것으로 만들었다.

또한 조선시대 임금은 나랏님이었고 임금 행차의 모양새는 나라의 체모와 관계된 것으로 간주되었기 때문에 준비와 시행에 까다로운 절차가 요구됐다. 임금이 한번 움직이면 수천에 이르는 군사들이 수행해야 했고, 조정의 관료 등 수많은 사람이 '집합'해야 했다. 비용도 많이 들고 이만저만 수고로운 일이 아니었다. 때문에 신하들은 임금이 타당한 이유 없이 궁궐 밖에 나가는 것에 반대했고, 선정을 베푸는 위대한 통치자를 지향했던 조선의 임금들은 궁궐 밖으로 나갈 합리적인 명분을 만들든가 아니면 궁궐 안에서 지내야만 했다.

조선시대 국왕의 행차 사례를 살펴보면 그 양상이 매우 다채롭게 변화하고 있음을 알 수 있다. 여기에는 "군주의 통치란 어떠해야 하는가"라는 문제를 두고 달라진 입장이 반영되어 있다. 시기별로 출궁의 명분, 즉 왕이 궐 밖으로 나가는 목적이 달라지고 있으며, 행차의 이미지 또한 변화하고 있다. 그러한 변화를 따라 조선 백성들의 눈에 비친 국왕과 '조선 왕실'의 이미지도 달라졌다.

사냥을 위해 궐 밖을 나서다

조선의 개국 시점은 1392년이지만 한양이 제대로 모습을 갖추고 수도로서 기능하게 된 것이 1405년이므로 조선 초에 궁궐 안팎을 나누는 것이 무의미할 수도 있다. 태조·정종·태종은 모두 살아 있을 때 후계자에게 왕위를 물려주고 상왕上王으로 물러나 자유롭게 거처를 옮겼기에 왕의 행차가 궁궐 밖으로 나간 일도 더욱 많았다. 따라서 이 시기의 국왕 행차를 뒷 시기와 비교하기는 곤란한 점이 있다. 그렇다면 집현전 학사를 중심으로 유교적 통치 질서를 확고하게 세운 세종의 경우는 어떠했을까.

『조선왕조실록』을 살펴보면 세종대에 임금이 궁궐 밖으로 나선 경우가

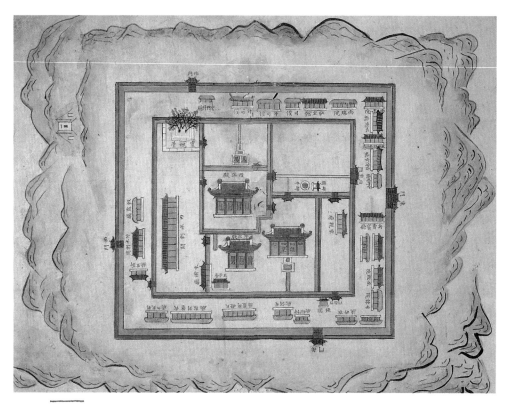

온양별궁전도(이형원 편, 1첩), 39.4×25.5㎝, 규장각한국학연구원 소장. 왕의 침소인 내정전內正殿과 집무실인 외정전外正殿은 물론 홍문관, 승정원, 상서원, 사간원, 수문장청 등의 건물과 수라간이 그려져 있다.

상당히 많았음을 알 수 있다. 친정親政을 하게 된 세종 5년 이후로도 상왕을 모시던 시절과 다름없이 자주 궁 밖으로 나섰는데 그 사유는 의외로 단순했다. 사냥이나 무예 훈련을 위해 동교, 서교, 남교, 양주, 강원도 등으로 나간 것이 매해 거둥의 70~80퍼센트 정도를 차지할 정도로 많았고, 사신 영접을 위해 모화관이나 태평관으로 간 것이 대부분이었다. 임금의 사냥은 군사 훈련도 겸했기 때문에 군사들의 격구나 활쏘기, 새로 개발한 전함이나 무기의 성능을 보기 위한 거둥이기도 했다. 동왕 10년 무렵부터 농사짓는 형편을 살피기 위해 근교에 거둥하는 경우도 나타나지만 사냥이나 군사 훈련 등을 보기 위한 거둥과 비교하면 매우 적은 횟수다. 강무나 사냥을 위한 행차에 대한 반발도 많았지만, 왜구나 야인에 대항하여 전투력 보강이 현실적으로 필요하다는 상황론을 제기하는 세종이 늘 유리한 입지를 차지했다. 세종은 또 고질병인 안질 등을 치료하기 위해 온양, 강원도 이천, 충청도 청주 등의 온천이나 초정에 행차하기도 했다. 이런 먼 거리 행차 때에는 외방의 행궁에서 35~70일 정도 머물렀다.

　세조대에도 이러한 양상은 크게 달라지지 않았다. 동왕 5년에 사냥과 관무재觀武才(조선시대 왕의 특별한 명에 따라 부정기적으로 실시했던 무과시험)를 위한 거둥이 각각 8회, 12회에 이르렀고 사신을 맞이하기 위한 행차는 3회에 머물렀다. 동왕 6년에는 황해도와 평안도를 순행巡幸했고 8년에는 군사 훈련을 위해 강원도 일대에 거둥하면서 오대산 상원사에서는 관음보살을 현신하는 체험을 하기도 했다. 세조의 경우 많은 거둥을 중전과 함께했다는 특징도 보인다.

수성修省하는 임금님으로

임금의 궐 밖 거둥이 사냥과 군사 훈련을 위한 것으로 채워지던 양상은 성종대를 거쳐 중종대에 이르면서 확연히 변화된다. 성종대에는 우선 사냥의 횟수가 절반으로 줄었다. 조정에 등장하기 시작한 사림士林 출신 신하들이 대놓고 반대했기 때문이다. 대신 농사의 형편을 살피기 위한 거둥이나 조상을

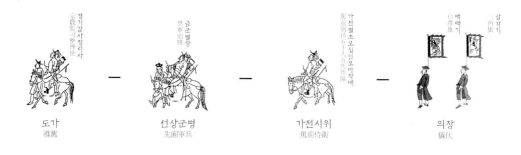

어가행렬, 〈원행을묘정리의궤반차도〉 부분, 정조 19년(1795), 규장각한국학연구원 소장. 앞부터 거둥 책임 자인 도가, 전체 호위 맡는 선상군병, 앞부분 시위 담당 가전시위, 왕의 상징물을 든 의장, 왕을 모신 신하들 과 군사, 승지·사관 및 종친과 문무백관.

배알하기 위한 능행은 늘었다. 풍년을 기원하는 선농제先農祭를 지내고 친경親耕 의식을 거행하기 위해 적전이 있는 동대문 밖으로 행차하기도 했다. 민생을 돌보는 임금의 이미지를 이러한 거둥 속에서 만들어가려 한 것이다.

　　중종대에는 사냥 횟수가 더 크게 줄었다. 워낙 사냥과 놀이를 좋아했던 연산군을 쫓아내고 다시 제대로 된 통치를 해보겠다며 군주의 자리에 올랐던 중종으로서는 스스로를 더욱 단속할 수밖에 없었다. 유교적 수신론을 강조하는 사림의 진출이 더욱 늘어난 조정의 상황 또한 중종대의 의례와 행차의 양상을 변화시켰다. 따라서 동왕 7년에 아차산, 동왕 8년에 살곶이에 갔던 것을 제외하고는 사냥만을 목적으로 한 행차는 없었다. 군사 훈련을 보기 위한 행차도 성종대와 비교해서 더욱 줄었다. 신하들은 성학聖學을 닦고 마음을 수양하는 것을 권면했으며, 군사로 징발되는 백성의 고충을 가중시키고 덕을 함양하는 데 도움이 되지 않는 사냥이나 강무를 위한 행차에 반대했다.

　　대신 부모와 조상에 정성을 다하는 군주의 모습을 보이기 위한 의식과 행차 사례가 자주 나타난다. 능행의 횟수가 크게 늘어났고 종묘에 직접 제

표기 標旗

도승지 都承旨

쟁고 錚鼓 초관 哨官

어연 御輦
어연시위 御輦侍衛

가후각차비 駕後各差備
수가백관 隨駕百官

후상군병 後廂軍兵

사를 지내는 일도 잦았다. 종묘나 풍운뇌우단風雲雷雨壇 등에서 기우제를 직접 지내기도 했다. 임금이 백성의 고통을 염려하여 시위 군사와 의장儀仗을 대폭 줄이고 가마도 타지 않은 채 거둥하여 성문 밖의 제단에서 기우제를 지내는 모습은 조선의 백성들에게는 새로운 풍경으로 다가왔을 것이다.

　행차의 구체적인 양상도 위와 같이 차이가 있지만 15세기에 비해 16세기에는 궁궐 밖에서 국왕의 모습을 볼 수 있는 기회는 전반적으로 줄었다고 할 수 있다. 17세기에 접어들어서는 또다른 이유로 왕의 행차가 새로운 국면으로 접어들었다.

국왕, 궁궐 안에 숨어버리다

16세기 말과 17세기 전반, 조선은 두 차례의 전란으로 말할 수 없는 피해를 입었다. 궁궐은 불타고 수도는 완전히 짓밟혔으며, 이 위기 상황에서 왕과 지배층이 보여준 모습은 실망스럽기 그지없었다. 백성들 앞에 스스로 떳떳하기 힘들었던 조선의 임금들은 전란이 끝난 후 궁궐 안으로 숨어버렸다. 선조의 경우 왜란이 끝나고 한양으로 돌아온 후 홍서薨逝(왕이 세상을 떠남)할 때까지의 10년간, 임시로 거처하고 있는 경운궁 밖으로 한 발자국도 내딛지 않았다.

이는 인조의 경우도 마찬가지였다. 반정反正으로 집권했던 인조의 출궁 사실은 거의 모두 병자년 호란胡亂 이전에 집중되어 있었다. 삼전도에서 치욕의 항복을 한 이후 전쟁 마무리를 위해 오는 사신을 맞이하러 모화관이나 남별궁(조선후기에 사용된 중국 사신의 숙소)에 어쩔 수 없이 몇 자례 간 것을 제외하고는 그 역시 창덕궁이나 경덕궁에 머물렀다.

효종대에는 행차의 횟수가 연평균 약 11회로, 인조대에 비하면 두 배로 증가했다. 그러나 그 대부분이 모화관과 남별궁에 집중되어 있었다. 청은 조선이 항복한 후에도 다시 전란을 일으키지 않을까 끊임없이 의심해 사신을 자주 보냈는데, 사신이 도성에 머무는 동안 연향과 외교 의례를 위해 자주 행차할 수밖에 없었다. 효종은 능행도 전보다 자주 했는데, 북벌北伐을 위한 군사 훈련의 목적이 강했다. 능행 때에는 반드시 능행길의 훈련장 등에서 군사 훈련을 병행했다. 능행에 나선 임금은 말을 타고 내달려 뒤따르는 신하들이 허둥대며 좇기 바빴고, 조상을 위해 제를 올리기 위해 신중을 기하는 모습이나 어가 행렬의 위엄 있는 모습은 거의 볼 수 없었다.

현종대에는 행차 회수가 다시 절반 정도로 줄어 두 달에 한 번꼴로 모습을 보이는 정도였다. 전체적인 양상은 효종대와 닮아 있었다. 현종대의 특별한 점이라면 온양 온천에 다섯 차례 행차했다는 것이다. 당시의 경제적 형편이나 민심의 추이로 볼 때 매해 온행하는 것은 무리한 일정이었을 것이다. 더구나 몸이 아파서 온천에 간다는 임금이 중간에 너른 들을 만날 때마다 군사들을 움직여 진법을 훈련하고, 한강을 건널 때는 수군 조련하듯이 하며 군사 훈련에 열을 올리는 모습을 보았을 때 마음속에 의구심이 솟아나는 것을 멈출 수 없었을 것이다.

만백성의 국왕이 되기 위해 다시 궐문을 나서다
숙종의 왕실 역사 재정비

숙종대부터는 국왕의 행차 목적에 중요한 변화가 보인다. 우선 종묘 행차가 크게 늘고 기우제, 문묘 작헌례, 진전眞殿 배알 등을 위한 행차가 크게 늘었다. 종묘 거둥은 1695년 이후 정례화되었다. 이보다 앞서 태조의 계비인 신덕왕후의 부묘, 2대 국왕인 정종에게 묘호를 올리는 일, 태조의 위화도 회군을 춘추春秋의 의리로 재평가하고 시호를 올리는 등의 의례가 시행되었다. 더욱이 전주 경기전에 있던 태조의 어진을 서울로 모셔와 모사한 후 도성 안의 진전(왕의 초상화를 모셔놓고 제사를 올리는 곳, 여기서는 영희전永禧殿)에 봉안하고, 여러 차례 직접 찾아가 제를 올림으로써 국조인 태조를 기억할 수 있는 중요한 상징처를 마련했다.

이전 왕들의 역사를 재평가하고 종묘에 대한 대대적인 정비가 이뤄지면서 조선의 모든 백성이 알아야 할 떳떳한 의리를 바로잡았다는 국왕으로서의 자신감은 종묘의 위상과 종묘 행차의 모습을 이전과 다르게 만들었다. 임금이 종묘에 직접, 그것도 궁궐 안에서 종묘의 북문을 통과하는 감추어진 길이 아니라 노부鹵簿(왕이 거둥할 때 쓰는 가마와 의장)를 제대로 갖추고 당당하게 행차하는 모습을 보임으로써 이제 숙종 자신이 조선의 통치자로서 자기 역할을 다했던 선왕先王들의 계승자라는 점을 과시할 수 있었다.

능행도 이전의 왕들이 가까운 혈친血親의 능을 주로 찾았던 것에서 벗어나 조선의 역대 국왕의 능을 모두 찾아보는 것으로 변화했다. 즉 개인적인 추모追慕의 정을 펴는 자리가 아니라 왕으로서 선왕에 대한 예를 다하는 기회로 변모시킨 것이다. 이 시기부터 임금의 행차는 사적인 개인이 아니라 조선이라는 국가의 최고 통치권자의 행차라는 본연의 의미에 더 다가가게 되었다.

군주제 강화와 왕실의 재탄생

영조대에는 궐 밖 행차가 크게 많아졌다. 매해 서너 차례 종묘에 거둥했고 그중 한 차례는 친제親祭를 올렸다. 선왕들의 위대한 업적을 잇는 계승자임을 만방에 고하기 위한 행차는 더욱 늘어났다. 종묘나 왕릉뿐 아니라 선대의 자취가 어린 수많은 장소를 조사 · 발굴해내고 직접 행차하였다.

조선의 창업주인 태조의 구궁들은 국초부터 남김없이 기념되고 있었는데, 임진왜란 · 병자호란을 거치면서 상당수의 기념 장소가 파괴되었다. 숙종대부터 도성 안에 태조에 대한 기억이 정비되고 있었는데, 영조는 태조의 용흥구궁, 구기를 기념하는 데 머물지 않고 모든 선왕의 옛 터전을 기념하고자 했다. 이런 가운데 발견된 곳이 인조의 어의궁, 원종의 송현궁, 효종의 어의동 본궁 등 선왕의 용흥구궁龍興舊宮이었다.

황폐해진 옛 궁궐 터들도 새로운 정치의 터전이 되었다. 임진왜란 때 불타버린 경복궁의 옛 터, 의주로부터 돌아온 선조가 머물면서 정치를 했고 인조가 즉위했던 경운궁이 바로 그 장소들이었다. 국초 이래 법궁이었던 경복궁에서는 과거시험을 보이거나, 조회를 열거나 존호를 받는 의식, 친잠의식 등 대규모의 국가 의례를 거행함으로써 위대한 선왕들의 기억은 수많은 신민이 보는 가운데 영조와 함께 조선에 되살아났다. 빽빽하게 들어찬 민가 속에서 옛 터전마저 잃었던 경운궁 또한 영조가 거듭 찾아가 의례를 거행함으로써 그곳이 어떤 곳이었는지 되살려냈다.

영조가 청계천 준설작업을 거둥해서 보고 있는 그림, 규장각한국학연구원 소장.

　구궁이나 구궐뿐 아니라 도성 안팎에 존재하는 선왕들의 기억은 영조에 의해 남김없이 복구됐다. 1405년 태종이 한때 버려졌던 한양으로 되돌아와 머물렀던 장소, 인조가 반정군을 이끌고 도성으로 들어왔던 창의문彰義門, 도성 밖 두모포의 유하정流霞亭, 양주의 풍양구궁豊陽舊宮, 의주·영유·해주·평양의 선조 임금 주필 장소와 인조 탄생지 등이 모두 새롭게 의미 있는 곳으로 기념되었다. 이와 함께 왕비들의 사적지에 대한 기념도 병행되었다. 영조는 인현왕후·인원왕후, 숙종의 후궁이었던 영빈 김씨, 사친인 숙빈 최씨의 사가와 탄생지 등을 직접 찾아가 확인하고 당시의 기억을 끌어냈다. 이곳들에는 기념비각을 세우거나 어제 현판을 내걸도록 하여 다양한 장소에서 옛 왕후에 대한 기억이 살아 숨 쉬도록 했다.

군주의 자리에 힘겹게 올라왔던 영조는 군주가 신하들과는 질적으로 구분되는 권위를 지니고 사회 곳곳에 존재하는 갈등을 조정하는 최고의 존재가 되길 원했다. 산적한 현안에 대해 제도적인 개선책을 마련해가는 것과 함께 군주의 존재에 누구도 부인할 수 없는 정당성을 부여하는 일이 필요했다. 왕과 왕실의 절대적인 위기의 상황을 돌파하기 위해 영조는 과거를 돌아보았다. 현재 조선이 있게 한 옛 군주들의 위대한 행적을 기억하고, 이를 되살리고 있는 영조 자신이 바로 그들의 혈연적 · 정치적 계승자임을 보임으로써 조선 팔도의 모든 백성에게 군주의 정당성을 각인시키고자 한 것이다.

한편 영조는 군주의 사친에 대한 예우를 보여주는 '궁원제宮園制'를 도입해 사친에게 왕후 못지않은 영예를 더해주었다. 궁원제란 국왕 사친의 사당과 묘소의 제도를 종묘 · 왕릉에 버금가는 것으로 만드는 제도다. 제사의 격을 높이는 데 그치지 않고 지속적으로 사친의 사당에 찾아가 이곳이 일개 후궁의 사당이 아닌, 바로 군주의 어머니의 사당임을 백성들에게 알렸다.

영조는 사친에 대한 예우와 함께 대왕대비에게도 정성스런 의례를 거행했다. 영조대 이후로 수없이 행해진 왕실의 존호의식, 진연 · 진작 등 왕실 잔치들이 대부분 왕실의 어머니들을 위한 것이었으며, 군주의 위상을 강화하려 했던 영조의 노력들은 조선 신민들에게 '조선 왕실'을 새롭게 인식하게 해 그 존재를 당연한 것으로 여기게 했다. 왕실은 조선에 군주가 존재하는 한 지속적으로 있어왔지만 18세기에 와서 이렇게 재탄생된 것이다.

영조가 이끌어낸 선왕들의 기억은 민생을 위해 쉼 없이 노력하는 영조의 모습과 결합되면서 영조가 진정 만백성의 군주로 당당하게 설 수 있도록 해주었다. 영조는 가뭄이 들면 종묘, 사직뿐 아니라 도성 근교의 제단에까지 나아가 밤을 지새우며 몸소 기우제를 올렸고, 제사를 마치고 돌아오는 길에는 농사의 형편을 살피기 위해 어가를 멈추어 관리들을 거치지 않은 백성의 생생한 고충을 들었다. 필요하면 궁궐 문으로 백성들을 불러들여 만나기도 했다. 영조대에 150년 이상의 공백을 깨고 친경이나 친잠의례가 행해진 것 또한 같은 맥락이라고 할 수 있다. 이러한 행위는 백성이 심복할 수 있는 정치를 통해 진정으로 왕의 권위가 되살아날 수 있음을 이해했기에 가능했다.

국왕 영조와 백성과의 만남은 능행과 같은 먼 거리 행행뿐 아니라 소소한 모든 행차에 항상 있는 일이었다. 따라서 영조대에는 같은 목적의 행차라도 궁궐 밖에 머물러 있는 시간이 더 늘어났으며, 날이 어두워진 후에 환궁하는 일도 잦았다. 백성들에게 자신의 모습을 보이기 위해 날이 궂은 때에도 가마의 문은 언제나 활짝 열어젖혀 있었다.

이러한 영조대 행차의 새로운 면모는 정조대에도 적극적으로 계승되었다. 종묘나 사직 친제, 능행 등은 연례적인 행사가 되었고, 행차 도중에 백성들을 위한 여러 조치를 내리고 선왕들을 기념하는 일을 수행한 것 또한 할아버지 때 그대로였다. 행차 시의 소통도 강조되어 꽹과리를 두드리며 왕에게 호소하는 백성들에게 내려지던 처벌 규정도 없애거나 완화하고, 행차 중에 백성들에게 내리는 전교는 반드시 언문으로 번역하여 백성들이 직접 듣고 이해할 수 있게 했다. 정조대의 국왕 행차 가운데 비운에 떠나보낸 아버지 장헌세자莊憲世子를 위한 현륭원顯隆園 원행이나 경모궁 거둥을 빠뜨릴 수 없다. 특히 배봉산 기슭에 있던 묘소를 화성으로 옮기고 난 이후에는 매해 정월이나 2월에 화성까지 다녀왔다. 한강에 놓인 다리를 건너 거침없이 오가는 국왕의 행차를 보는 일은 도성민들에게 익숙한 이벤트로 자리잡았다.

화성능행도병 중 〈시흥환어행렬도〉 부분, 조선 정조시대, 국립중앙박물관 소장.
정조가 생모인 혜경궁 홍씨의 회갑을 기념하여 사도세자의 현륭원이 있는 화성으로 혜경궁을 모시고 행차해 성대한 잔치를 벌인 뒤 다시 창경궁으로 돌아오는 장면을 묘사한 그림이다. 조선시대 행사 기록화 중에서 가장 풍부한 내용으로 화려하고 장대하게 묘사한 뛰어난 작품으로서, 정조의 지극한 효성과 정조대의 난만한 회화 발달이 어우러져 만들어낸 걸작이다.

왕의 행렬이 밤의 어둠을 밝히다

이렇게 군주가 주도하는 의례와 행차에 담긴 의미가 커지면서 어가 행렬도 크고 작은 변화를 보여왔다. 왕을 상징하는 깃발이나 기물 등이 나시 정비된 것과 함께 행차에 참여하는 모든 사람은 국왕의 신민임을 나타내도록 옷과 장식을 제대로 갖추었다. 많은 수의 군사들은 일사불란한 지휘를 위해 각기 다른 방위의 색을 따라 옷을 입었다. 그들에게 명을 내리는 대장들도 문신과 다를 바 없는 옷을 벗어버리고 반드시 군복을 입도록 했다. 정연하게 군복을 갖추고 군사용 깃발과 북소리에 맞춰 일사불란하게 움직이는 군사들은 왕의 행렬에 위엄을 더해주었다.

또한 왕의 행렬에 참여하는 모든 이는 사적인 위세를 지나치게 드러내지 못하도록 통제했다. 행차에 대동하는 하인들의 숫자는 엄격하게 제한되었고 행사 목적에 따라 의복을 통일하도록 하는 한편 위계를 뛰어넘는 옷을 착용하는 일은 금지되었다.

한편 국왕의 최측근에 서는 호위 군사들은 왕을 상징하는 붉은색의 호의號衣, 군복를 입어 행렬에 참여한 다른 사람들과도 분명하게 구분되었고, 이로써 왕의 행렬은 왕세자 등 다른 왕실 인원의 행렬과 색깔만으로도 구별되었다. 명령을 내릴 때 쓴 영기令旗도 왕의 영기만 홍색 바탕에 청색 글자를 쓰도록 했다. 왕의 행차를 밝히는 초롱도 붉은 비단에 청색으로 가장자리를 둘러 왕세자의 검푸른색〔鴉靑〕 초롱이나 푸른 비단을 쓰는 군문軍門의 초롱과 확연히 구별되었다. 왕의 행렬은 시각적인 면으로서만 특별한 것이 아니었다. 행차가 있을 때 왕의 가마에는 왕실에서만 제작·사용했던 부용향이 설치되었고, 이 은은한 향은 왕의 행차를 직접 보지 못하는 이들에게도 왕이 그 자리에 있음을 보다 극적으로 알렸다.

영조대 이후로 행차에 밤낮이 없어지면서 왕의 행렬은 밤의 어둠을 수많은 등불로 밝히며 조선의 밤의 세계에 새로운 풍경을 만들어냈다. 가장 많은 횃불을 동원해야 했던 국장 행렬에서조차 비용상의 문제로 횃불을 없애도록 한다거나 날이 밝은 이후로 출발 시간을 조정했던 앞선 시기와는 달리, 18세기의 왕들은 비용과 관리의 부담을 줄이는 오색초롱의 제도를 도입하여 왕의 행차에 시각적인 화려함을 더했다. 또한 이 등불은 정조대에 너른 한강을 가로질러 건설된 배다리〔舟橋〕의 장관과도 결합되면서 어둡고 희망 없는 세계를 비추는 등불로서의 이미지, 불가능을 가능으로 바꿀 수 있는 희망의 이미지를 국왕에게 더해주기도 했다.

18세기 동안 이루어진 이러한 정비를 통해 왕의 행렬은 바라보는 것만으로도 위엄을 느끼고 심복할 수 있는 것으로 변모했다. 이는 국왕 행차의 내용 변화, 즉 백성을 위한 정치를 수행하는 통치자로 서기 위한 목적으로 행해진 다양한 행차의 목적과 결합되었고, 이제 왕은 '밀실의 계승자'가 아닌 '만백성의 국왕'으로 서서히 받아들여져갔다. 이것이 18세기 100여 년 동안 조선 국왕의 행차와 의례가 가진 진정한 의미였다.

19세기, 화려한 왕실 의례의 빛과 그림자

19세기에 들어와서도 어가 행렬의 위상은 크게 달라지지 않았다. 변화가 있다면 왕보다는 왕실 인물의 행렬이 더욱 화려해지고 있었다는 점이다. 순조의 아들로서 대리청정을 했던 효명세자孝明世子는 350년 전의 왕세자보다 두 배가량 많은 106개의 의장을 사용했다. 이는 왕의 법가 의장에 해당하는 큰 규모였다. 왕의 사친 또한 45개의 의장을 가져 대왕대비, 중전의 55개 의장에 버금가게 되었다. 특히 고종의 가례 행렬에서는 왕의 사친인 대원군과 그 부인의 가마를 확인할 수 있는데, 이는 왕실이 백성들의 시선 속으로 공공연하게 나오게 되었음을 보여주는 중요한 변화라고 할 수 있다.

왕실의 의례도 더욱 화려하고 사치스러워졌다. 왕실의 의례를 기록하고 있는 의궤는 정조대를 거쳐 순조대에 이르러 더욱 정세한 면모를 보여준다. 그러나 의례는 주로 연향과 대왕대비에 대한 존숭의식에 집중되어 있다. 군주권의 위상을 높이려 시작되었던 18세기의 의례들이 관행적으로 실천되고, 또 세도가들의 이해와도 맞물리면서 의례의 내용이 오직 '왕실 여성'을 위한 것으로 변화하게 된 것이다. 그 이면에 당연히 있어야 할, 백성을 위한 통치에의 열망을 잃어버리면서 화려한 왕실 의례는 그들만의 잔치에 그치고 말았다.

그러나 19세기에도 역시 도성을 관통하는 왕의 행렬은 한양의 가장 큰 볼거리 중의 하나였다. 19세기 중엽의 『한양가』에서는 춘삼월 화성으로 향하는 어가 행렬 묘사로써 도성의 활기찬 모습을 노래한 긴 작품의 대미를 장식하고 있다. 이미 춘삼월의 화성 행차는 매해 볼 수 있는 것이 아니었지만

고종의 가례 행렬 중 대원군과 그 부인의 가마, 규장각한국학연구원 소장.

도성 안팎을 종횡하며 새로운 소통의 장을 마련하고 그 속에서 공인된 권력을 구축하고자 했던 100년 이상의 노력은 오래도록 조선 사람들의 뇌리에 남아 있었던 것이다.

왕이 공식적으로
술 마시는 날

●

궁중 잔치의 종류와 변천

김종수 · 서울대 국악과 강사

술과 음식을 함께 먹으며 기쁨을 나누는 자리인 연향은 인간관계를 화목하게 만들어 유대를 강화시켜주는, 통합된 사회를 이루는 데 꼭 필요한 요소다. 궁중 연향은 화합의 자리이자 춤과 음악이 공연되는 문화 공간이었다.

근엄함을 허물고 서로 일체가 되다

설행 목적에 따라 연향은 회례연會禮宴 · 양로연養老宴 · 진연進宴 · 사객연使客宴으로 나뉘고, 참여하는 사람에 따라 외연外宴과 내연內宴으로 나뉜다.

　　회례연은 왕과 문무백관文武百官이 화합해 일체가 되는 것을 지향하는 잔치다. 왕과 백관 사이가 근엄함과 존경만으로만 일관하다보면 정情이 통하지 않게 된다. 그러면 백관은 왕에게 도움될 만한 충고를 제대로 하지 못하고 왕 역시 충고를 흔쾌히 받아들일 수 없게 돼므로, 이 자리를 빌려 상하의 정을 쌓아나가는 것이다. 하지만 왕과 왕세자, 문무백관만 회례연을 하는 것이 아니라, 왕비는 왕세자빈이나 내외 명부命婦(봉호封號를 받은 부인의 통칭)들과 더불어 회례연을 가졌다.

양로연은 노인을 우대하여 베푸는 잔치다. 왕과 왕비가 친림해 연향을 베푸는 것인데, 노인에 대한 공경심을 나타내 백성들에게 효심을 감발시키기를 기대했다. 어버이를 사랑하는 자는 남을 미워하지 않고, 어버이를 공경하는 자는 남을 소홀히 하지 않기에 효는 온갖 행실의 근본으로 보았다. 또 양로는 치도治道와 관계된다 하여 폐기할 수 없는 일로 여겨졌다. 양로연은 귀천을 따지지 않고 노인을 공경하는 것이므로, 1432년(세종 14)에 양로연 의주儀註를 만들 때 서인庶人은 물론 천인賤人들도 연향에 참여하도록 배려했다.

사객연은 이웃 나라와의 우호를 증진하고자 중국·일본·유구국 등 각 나라의 사객에게 베푸는 잔치다. 진연은 명절과 탄신일 및 병환 쾌차 등 경사가 있을 때 베푼 잔치다. 이런 의미를 뜻하는 명칭으로는 진연 외에도 진풍정進豊呈·진찬進饌·진작進爵 등이 있다.

각 연향은 그에 걸맞게 의식을 행했다. 회례연과 진연에서는 먼저 왕에게 헌수獻壽(장수를 기원하며 술을 올림)한 후 셋째 잔부터 왕과 신하가 같이 술을 마시는데, 양로연에서는 노인을 공경하여 대접하는 의미로 첫 잔부터 같이 마셨다. 또한 회례연과 진연에서는 왕세자 이하 종친·문무백관이 왕에게 사배四拜를 하는 데 반해, 양로연에서 노인들은 재배再拜를 하되 그것도 한 번 일어났다 앉은 채 그대로 머리만 두 번 땅에 닿도록 숙여 약식으로 행했다. 노인들이 전殿에 오르려 할 때는 왕 역시 자리에서 일어남으로써 노인들에게 공경을 표했다.

회례연·진연·양로연은 왕과 신하 사이의 예이므로 임금에게 술과 음식을 올릴 때 북향한 후 꿇어앉아서 올린다. 반면 사객연은 나라와 나라

사이의 예이므로, 중국 사신을 상국上國의 손님으로 예우해 상석인 동쪽에 위치하게 하고, 임금은 서쪽에 자리 잡아 서로 술과 음식을 읍하며 권유했다.

경복궁 근정전과 창덕궁 인정전이 북쪽에서 남향으로 지어진 것에서 알 수 있듯이, 왕은 항상 북쪽에서 남쪽을 바라보고 신하는 남쪽에서 북쪽을 바라보게 되어 있었다. 따라서 북향한다는 것은 신하의 신분임을 자처하는 것이다. 동쪽과 서쪽에서 서로 마주 보는 것은 손님과 주인의 관계를 표시한다.

사객연에서 제거提擧나 제조提調가 음식을 올릴 때, 임금에게는 꿇어앉아서 올리는 데 비해 사신에게는 서서 올려, 임금에 대한 예와 사신에 대한 예를 분명히 했다.

사객연을 제외한 위의 각 연향들은 참여자에 따라 외연과 내연으로 나뉜다. 즉, 외회례연·내회례연, 외양로연·내양로연, 외진연·내진연, 외진찬·내진찬 등이다.

왕이 주관하는 외회례연에는 왕세자·종친·의빈儀賓(임금의 사위 등과 같이 왕족의 신분이 아니면서 이와 통혼한 사람을 통칭)·문무백관이 참여하고, 왕비가 주관하는 내회례연에는 왕세자빈·내명부·외명부가 참여했다. 왕이 베푸는 외양로연에는 사대부에서 천인에 이르는 남자 노인들이 참여하고, 왕비가 베푸는 내양로연에는 사대부에서 천인에 이르기까지 그 부인들 가운데 여자 노인들이 참여했다. 회례연과 양로연의 주빈은 항상 외연에서는 왕이고, 내연에서는 왕비다.

이처럼 양로연과 회례연의 경우 내연은 여성이, 외연은 남성이 주축이 되는 연향이다. 예컨대 집안에서 상을 당했을 경우 그 대상이 여성이면 '내상內喪'이라 하고, 부녀가 외간 남자와 얼굴을 바로 대하지 않고 피하는 것을 '내외內外 한다'고 하듯이, 내內는 여성, 외外는 남성을 가리켰다.

외진연(또는 외진찬)에 왕·왕세자·종친·의빈·문무백관 등 남성만 참석하는 점은 회례연·양로연과 마찬가지다. 그런데 내진연(또는 내진찬)에는 대비·왕비·왕세자빈·공주·명부命婦 외에 왕·왕세자·종친·의빈·척신戚臣(임금과 외척관계가 있는 신하) 등 남성도 참석한다. 진연의 경우 외연과 내연의 참석자가 남녀로 구분되지 않는다. 외진연은 실질적으로 정치를 주도하는 군신君臣이, 내진연은 왕실 가족과 친인척 그리고 그 명부가 주축이 된다. 진연의 주빈은 외연에서는 항상 왕이지만, 내연에서는 왕대비나 왕비일 수 있고, 왕 홀로 혹은 왕과 왕비일 수도 있다.

관원으로서 정치에 참여하든 하지 않든 모든 사람은 왕의 신하다. 그런데 왕조실록에 실질적으로 정치에 참여하는 신하는 외신外臣, 왕실 친인척은 내신內臣임을 암시한 기록이 있어 주목된다. 단종 2년(1454) 5월 28일이었다. 세조가 황효원을 시켜서 아뢰기를, "신이 나라 경비로 연향을 올리게 되면 이는 신들이 도리어 빈객賓客이 되는 것이니, 자비自費로 성의를 표시할 수 있기를 바랍니다. 의정부 관원들이 연향을 올리는 경우는 외신外臣이므로 나라 경비로 해도 무방합니다" 하니, 그대로 따랐다.

단종의 숙부가 되는 세조는 자신은 외신이 아니니, 즉 내신이니 개인 비용을 부담하여 연향을 올리고 싶다고 아뢴 것이다. 따라서 진연의 경우 '외外'는 조정 신하, '내內'는 왕실 가족과 친인척을 뜻한다고 할 수 있다. 이렇듯 외연과 내연에 대해 자세히 살핀 이유는 그에 따라 의식 절차와 악가무樂歌舞 연주자가 달라지기 때문이다.

백성과의 동고동락으로 변천한 연향

조선전기의 법전인 『경국대전』에 '회례연과 양로연은 1년에 한 번씩 정기적으로 베풀고, 진연은 단오와 추석 등의 명절과 왕세자·왕세자빈의 생신 등에 베푼다'고 규정되어 있다. 이에 따라 성종대(1469~1494)까지 회례연은 매년 정초正初에 한 차례 행했고, 양로연도 매년 가을 한 차례 베풀었으며, 진연은 병환 쾌차·책봉·명절·생신 등 한 해에 여러 번 베풀었다. 연산군대(1494~1506)까지도 이런 규례는 대체로 유지되었다.

중종대(1506~1544) 이후 회례연과 양로연은 흉년 등을 이유로 들어 정지시키곤 했고 진연 또한 드물게 베풀었지만, 대비전에 올리는 것만큼은 1년에 한 차례 여는 것으로 인식해 그렇게 베풀려고 노력했다. 선조대(1567~1608) 이후부터는 정초에 정기적으로 회례연을 여는 관례가 사라졌고, 양로연 또한 정기적으로 열지 않고 경사慶事와 함께 베풀었으며, 진연은 특별히 경축할 일이 있을 때만 베풀었다.

사실 성종대까지 정해진 규례대로 연향을 베푼 이유는 풍년이 들어서였다기보다는 전례典禮를 정비해가는 시기이므로 전례 그 자체를 중시했기 때문이며, 중종대 이후는 전례보다는 성리학적 이상理想의 실천을 중시했기 때문이다. 그리하여 인조대(1623~1649)에는 재위 26년 동안 1624년(인조2)과 1630년(인조8)에 두 차례, 효종대(1649~1659)에는 재위 10년간 1657년(효종8)에 한 차례 진연을 베풀었을 뿐이다. 더욱이 현종(재위 1659~1674)은 왕대비와 대왕대비전에 진연을 올리고자 했지만 거듭된 흉년으로 인해 결국 재위 15년 동안 진연을 한 번도 올리지 못했다.

숙종대(1674~1720)에는 재위 46년간 한 차례의 진풍정과 다섯 차례의 진연이 행해졌는데, 1677년(숙종 3) 11월 진연은 상례喪禮를 마친 후 대왕대비와 왕대비를 위로하기 위한 것이고, 1686년(숙종 12) 윤4월 진풍정은 대왕대비의 환갑을 위한 것이었다. 또 1706년(숙종 32) 8월 진연은 즉위 30년을 기념하여, 1710년(숙종 36) 4월 진연은 임금의 병환 쾌유와 춘추 50세를 경축하고자 한 것이며, 1714년(숙종 40) 9월 진연은 임금의 병환 쾌차와 즉위 40년을, 1719년(숙종 45) 9월 진연은 임금이 기로소耆老所*에 들어간 것을 경축한 것이다.

현종대에 좌참찬 송준길이 임금에게 아뢴 말을 통해 본다면, 한바탕 연향을 베풀어 즐겁게 해드리는 것보다는 백성들과 더불어 동고동락하는 것이 왕에게 요구되는 진정한 효도였음을 알 수 있다. 바로 이런 점 때문에 조선전기와 달리 후기에 연향 횟수가 현저히 줄어든 것이다.

『현종실록』 권11, 1665년(현종 6) 9월 5일(무자)

"흉년이 심한데 나라에서 연향을 베푼다면 백성들이 국가에서 구휼해주지는 않으면서 도리어 성대한 행사를 거행한다고 여길 것이니, 어떻게 백성들에게 납득시킬 수 있겠습니까? 대저 임금의 조치에 하늘의 뜻과 민심에 합치되지 않는 점이 조금이라도 있다면 이는 제왕의 효도가 아닐 듯싶습니다."

인조반정 이후 조선후기에 정기적으로 베풀던 회례연과 양로연이 사라

● 정2품 이상 전현직 문관으로 나이 70세 이상인 사람이 들어가는 문신들의 친목 및 예우 기구다. 기로소에 들어간 임금으로는 태조·숙종·영조·고종이 있을 뿐이다.

영조가 51세 되는 해인 1744년(영조 20) 9월 기로소의 입사를 기념하여 행례行禮와 의절儀節을 기록한 그림, 국립중앙박물관 소장. 오른쪽 세부 그림은 무동, 처용 5인, 악대의 행렬.

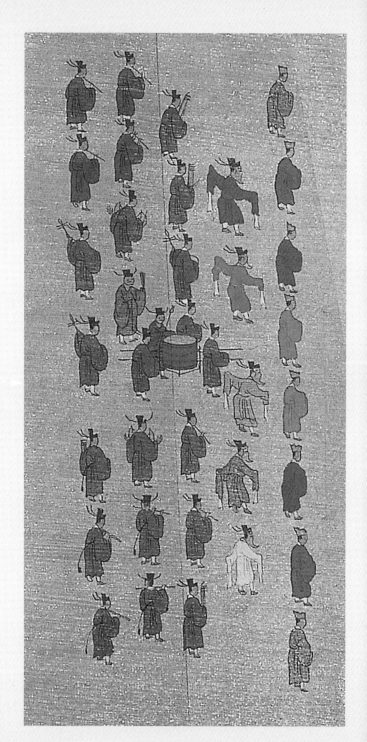

정조 19년(1795)
홍화문弘化門 사미도賜米圖.

지고 몇 년에 한 번 진연을 베풀게 되면서, 진연에 회례연과 양로연의 의미를 담게 되었다. 따라서 같은 진연이란 용어를 써도 조선전기와 후기에는 의미 차가 크다. 즉 전기에는 한 해에 여러 차례 베푸는 대신 연향 규모가 작았고, 후기에는 몇 년에 한 번 베푸는 대신 연향 규모가 컸다. 그 규모란 음식 가짓수나 성대한 음악을 뜻하는 것이 아니라 기쁨을 나누는 범위를 뜻한다.

가난한 자들에게 쌀을 내리고 거지를 구휼하다

경사가 생기면 음식과 술을 마련하여 기쁨을 나누는 것이 인정인데, 서민들은 대개 기쁨을 나누는 범위가 집안 식구들에 한정된 반면, 경대부들은 친척들에까지 넓혀진다. 그렇다면 임금은 기쁨을 나누는 범위가 백성들에까지 미쳐야 진정한 왕일 것이다. 때문에 조선후기에는 왕실에 경사가 있어 진연을 베푼 후에는 항상 서울과 지방의 사대부 이하 천인에 이르기까지 노인들에게 쌀과 고기를 내려주고, 가난한 자들에게 쌀을 내려주며, 거지들을 구휼하거나 전세田稅를 줄이고 환곡을 탕감하는 등의 은전을 베풀었다.

『숙종실록』 권6, 숙종 3년(1677) 11월 21일(갑오)

임금이 말했다. "양 자전慈殿의 진연을 무사히 치렀으니 은혜를 베푸는 은전이 없을 수 없다. 위로 사대부로부터 아래로 서인庶人과 천인에 이르기까지 서울과 지방의 70세 이상의 노인에게 쌀을 내려주라."

『원행을묘정리의궤』園幸乙卯整理儀軌 부편附編 1, 6월 18일(혜경궁 환갑 생신)

전교하기를 "오늘은 가장 가난하여 의탁할 곳 없는 자들을 뽑아내서 무상으로 쌀을 지급하여 자궁慈宮의 덕을 흠뻑 누리게 해줄 생각이다" 하였다. 쌀을 내려주는 일이 끝나자 백성들이 자루에 넣어 짊어지거나 상자에 담아 이고서 노래를 부르며 춤추면서 돌아갔는데 그들의 환호성이 우레 소리와 같았다.

상이 이르기를 "잔치 소문을 듣고 찾아온 자들이나 걸인들이 거의 거리를 메웠다고 하니, 비록 두루 베풀기는 어려우나 어찌 빈 입으로 돌아가게 할 수 있겠느냐. 음식과 떡·과일 등을 먹여 보내도록 하라" 하였다.

조선후기에 경사를 축하하는 잔치를 연 후 은전을 베푸는 것은 상식처럼 여겨졌다. 좀더 예를 들면, 1766년(영조 42) 8월 왕이 여러 달 몸이 편찮다가 쾌유함을 경축해 연향을 베풀었다. 이때 왕은 도성 안팎의 거지들을 불러 스무 날 동안 잘 먹이도록 명했고, 9월 3일에는 서민 계층 노인들에게 잔치를 베풀고 환과고독鰥寡孤獨의 불쌍한 사람들에게 쌀을 내려주었으며, 가벼운 죄수들은 석방시켰다. 1868년(고종 5) 12월, 왕은 대왕대비의 환갑잔치를 벌인 다음 날 유랑 걸식하는 사람들을 구제하는 은전을 베풀었다.

이렇게 하는 이유는 사회구성원 상호 간의 견고한 유대가 바로 나라를 견고하게 만드는 기반이 되었기 때문이다. 연향은 기쁨을 여럿이 나누는 일이고, 임금은 그 범위가 백성들에게까지 두루 미치게 해야 했기에, 왕실에 환갑이나 칠순 등의 경사가 있을지라도 흉년으로 백성들이 고통받고 있다면 연향을 베풀지 않았다.

가령 1756년(영조 32)은 대비전이 칠순이 되는 해였으나 임금이 기사耆社의 여러 신하와 60세 이상의 종친宗親·재신宰臣을 거느리고 축하문과 옷감을 올렸을 뿐 잔치를 베풀진 않았다. 1813년(순조 13) 역시 대비전이 환갑이 되는 해였지만, 대비전이 흉년이라 하여 한사코 연향을 거절하는 바람에 다만 대비전에 축하문과 옷감을 올리고 사면령을 반포했을 뿐이다.

방종을 막고자 의례를 만들다

연향은 술과 음식을 들며 기쁨을 같이 나누는 자리다. 혹 즐거움이 지나쳐 자칫 방종에 흐르는 것을 막고자 연향 의례를 만들었으니, 여기서 추구한 것은 화락和樂하면서도 공경을 잃지 않도록 해 구성원의 화합을 도모하는 것이다. 즉, 궁중 연향에서 악樂은 마음을 화락하게 하고, 예禮는 태도를 공경하게 만드는 역할을 한다.

1829년 (순조 29) 2월에 순조의 즉위 30년과 40세를 경축하기 위해 베푼 외진찬外進饌과 내진찬內進饌을 예로 들어 설명해보려 한다. 진찬은 진연과 같은 뜻인데, 진연보다는 규모가 약간 작은 연향이란 의미로 쓰인다. 외진연 · 내진연, 외진찬 · 내진찬 등을 구분해 말하면 복잡하기에 이를 외연外宴 · 내연內宴으로 표기하도록 하겠다.

⊛ 순조 29년 외연

외연 참석자는 왕 · 왕세자 · 종친 · 문무백관이고, 장소는 창경궁 명정전明政殿이다. 의식 절차는 대략 다음과 같이 진행되었다.

- ↳ 왕세자가 왕에게 첫째 술잔과 축하문을 올린다.
- ↳ 문무백관의 대표로 영의정이 둘째 술잔과 축하문을 올린다.
- ↳ 왕세자 이하 연향 참석자들이 모두 천세千歲를 외친다.
- ↳ 부제조가 왕세자에게 술을 바친다. 집사자가 종친 · 문무백관에게 술을 돌린다.
- ↳ 재신宰臣이 돌아가며 왕에게 셋째 술잔부터 아홉째 술잔까지 올리면 연향이 끝난다.

외연에 왕세자와 영의정이 올리는 축하문이 두 개 있다는 것은, 영의정이 문무백관을 대표하여 축하문을 올렸음을 의미한다. 외연은 대통大統을 이어나갈 왕세자와 정치를 보좌하는 백관이 왕에게 올리는 연향이다. 즉 이것은 의리로 맺어진 군신 간의 연향이므로 의례가 매우 엄숙하게 진행된다. 여기서 백관은 술을 마실 때 자리에서 일어나 공경을 표하기 위해 엎드렸다가 무릎을 꿇고 술을 마시고, 다 마신 후에는 다시 엎드렸다가 일어나 자리에 앉는다. 외연은 술이 아홉 잔을 넘지 않는다. 또 악공이 음악 연주를 하고 남자 아이인 무동舞童이 정재呈才를 공연했다. 정재는 '재주를 바친다' 라는 뜻으로 악기 연수에 맞추어 중간 중간에 노래 부르면서 춤추는 것이다. 외연에서 여령女伶, 女樂이 정재를 공연하거나 악기 연주를 하지 않은 이유는 수기치인修己治人하는 위치에 있는 위정자들이 남녀유별을 하여 단정한 행실의 모범을 보이기 위해서였다. 이렇게 외연에서 무동이 춤을 추는 제도가 확립된 것은 인조반정(1623) 이후다.

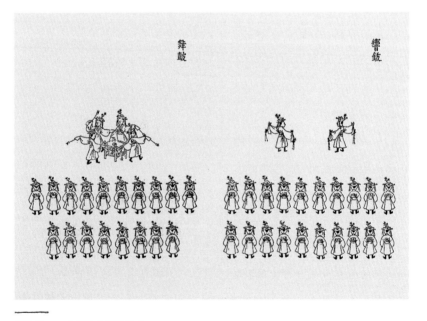

무동 무고舞鼓(왼쪽)와 무동 향발響鈸.

◉ 순조 29년 내연

내연 참석자는 왕·왕세자·왕세자빈·명부·종친·의빈·척신이며, 장소는 창경궁 자경전慈慶殿이다. 이 당시 왕비 순원왕후純元王后는 모친상을 당해 내진찬에 참석하지 않았다. 의식 절차는 대략 다음과 같다.

- 왕세자가 첫째 술잔과 축하문을 왕에게 올린다.
- 왕세자빈이 둘째 술잔과 축하문을 왕에게 올린다.
- 좌명부左命婦·우명부右命婦·종친·의빈·척신 대표가 각각 술잔과 축하문을 올려 일곱째 술잔까지 올린다.
- 왕세자 이하 연향 참석자들이 모두 천세를 외친다.
- 왕이 손수 왕세자와 왕세자빈에게 술을 내려주고 왕세자와 왕세자빈은 각각 이를 마신다.
- 전선典膳이 좌명부·우명부에게 술을 돌리고, 여집사가 종친·의빈·척신에게 술을 돌린다.

내연에 왕세자·왕세자빈 및 좌명부·우명부·종친·의빈·척신 대표가 올리는 축하문이 일곱 개 있다는 것은, 이것이 혈연과 혼인으로 맺어진 왕실 가족과 친인척 및 명부命婦가 왕실 어른에게 올리는 연향임을 의미한다. 여기서 왕은 통치자로서가 아닌 왕실 가족의 일원으로 참석하는 것이다.

내연은 정情으로 맺어진 가족적인 연향이다. 따라서 의례가 친애親愛의 정을 표현하며 격식은 덜 갖춘 채 이뤄진다. 왕은 왕실의 주요 가족인 왕세자와 왕세자빈에게 손수 술을 내려주어 친애의 정을 표하기도 한다. 순조

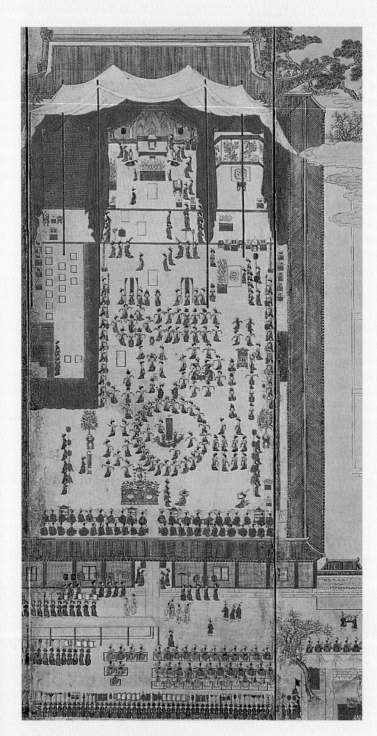

순조 29년 자경전 진찬도.

29년 내연에서 주빈은 왕이었지만, 순원왕후 육순을 경축하여 베푼 1848년(헌종 14) 내연처럼 주빈이 대왕대비인 경우 대왕대비가 왕·왕비·경빈에게 손수 술을 내려주었다.

좌명부·우명부·종친·의빈·척신 등이 술을 마실 때 엎드리는 절차 없이 바로 무릎 꿇고 마셔 외연에서의 의례보다 격식이 덜하다. 내연은 술이 일곱 잔을 넘지 않는다. 내연에서는 악공이 음악 연주를 하고 여령이 춤을 추었다. 또 왕세자빈·명부와 같은 여성이 참여하는 자리이므로 악공들 앞에 장막을 둘러 내외하게 했다.

여악女樂

내연에서 악기 연주와 춤·노래를 담당했던 여악(여령, 혹은 여기女妓라고도 함)에 대해 좀더 자세히 알아보자. 여악은 대비와 중궁 및 명부가 참여하는 내연, 정월초하루와 동지 그리고 탄신일에 명부들이 중궁에게 하례를 올리는 중궁진하中宮陳賀, 친잠례親蠶禮와 같이 여성이 참여하는 의례에 필수 불가결했다. 유교를 통치 이념으로 택한 조선은 중궁이 참여하는 의례에서 남자 악공이 연주하는 일을 용납하지 않았다. 여악이 부족한 경우 장님 악공인 관현맹인으로 보충했을 따름이었다.

조선시대에 여기와 관련한 풍기 문란 때문에 조정에서 누차 여악 혁파 논의가 있었지만, 내연과 중궁진하 같은 의례에서 여악이 악가무를 담당해야 했기에 폐지시키지 못했다. 대신 1419년(세종 1) 6월에 관기간통금지법을 제정해 폐단을 줄여보려 했지만, 제대로 지켜지지 않았다. 관기간통금지가 잘 지켜지지 않았다고 해서 법적으로 허용된 것은 물론 아니다.

자경전 친찬도의 악공과 여령.

여악은 춤과 노래가 장기이므로, 조선 건국 초에는 내외연을 따질 것 없이 어느 연향에나 여악을 썼다. 내연에서 악기 연주 · 춤 · 노래를 모두 여악이 담당하는 것은 당연하지만, 외연에서조차 악기 연주를 악공이 맡는 것 빼고는 춤과 노래를 여악이 담당했다.

그러나 1432년(세종 14)에 위정자가 남녀유별의 모범을 보이고자 군신예연君臣禮宴인 외연에 여악을 쓰지 않고 무동舞童이 춤과 노래를 하도록 했다. 당시 여덟 살에서 열 살 사이의 남아 60명을 뽑았으니, 이것이 바로 조선시대에 무동을 뽑은 시초다. 조선전기에는 1433년(세종 15)부터 20여 년, 1511년(중종 6)부터 10여 년 동안 외연에 무동을 썼을 뿐이었다. 인조반정 이후 외연에 무동을 쓰는 제도가 확립돼 조선조 말까지 이어졌다.

조선전기에는 장악원 소속의 여기가 서울에 상주하면서 연향과 기타 의식에 불려갈 것을 대비했다. 그러나 인조반정 이후 장악원 여기를 혁파하고 내연을 여는 시기에 맞춰 지방에서 여기를 뽑아올 렸다가 연회가 파하면 지방으로 돌려보냈다.

조선초기부터 여악과 관현맹인이 내연의 악기 연주를 담당하는 전통이 1744년(영조 20)까지는 지켜졌다. 하지만 1795년(정조 19), 즉 혜경궁이 환갑이 되는 해에 사도세자의 묘 가 있는 화성에서 혜경궁에게 올린 내연에서 커다란 변화가 일어 났다. 악공이 악기 연주를 하고, 의녀와 침선비針線婢가 화성 의 여령과 함께 정재를 공연한 것이다. 물론 악공 앞에는 장막을 치게 조치를 했다. 이후 내연에서 악공이 장 막 밖에서 연주하고 의녀와 침선비가 지방 여기와 함 께 정재를 공연하는 것이 정례화되었다.

너무나 정치적인 사건, 왕의 죽음

◉

왕의 장례와 왕릉

김기덕 · 건국대 문화콘텐츠학과 교수

순종황제 국장 행렬

선왕 죽음의 애도 속에서 즉위한 새 왕

한 가정에서도 가장家長의 죽음은 커다란 충격이며, 집안의 많은 변화를 수반한다. 그렇기에 전근대시대 왕의 죽음이 당시 사회에 얼마나 커다란 영향을 미쳤을 것인가는 미루어 짐작할 수 있다. 기본적으로 왕의 죽음과 관련된 의례들은 한 가정의 죽음 의례와 크게 다르지 않다. 다만 규모가 성대하고 보다 복잡하며, 의례 기간이 길다는 점에서 차이가 있을 뿐 기본적인 절차 및 용어는 비슷하다.

조선시대에는 모든 의례를 기록한 의궤가 자세히 남아 있다. 다만 의궤에 현장 그림 자체는 남겨져 있지 않다. 조선시대 마지막 고종과 순종의 경우에는 근대화의 산물로서 장례 절차와 관련된 현장 사진이 남아 있어 참고가 된다. 장례 행렬에 모인 사람들을 보면, 왕의 장례가 얼마나 커다란 사건이었는가를 잘 보여준다.

왕이 죽으면 새로운 왕이 즉위한다. 새 왕의 즉위가 가장 중요한 정치

순종황제 즉위식 장면. 즉위식은 전왕의 국상 중에 이루어지므로 이처럼 간소하게 진행되며, 즉위식
과 관련된 의궤 또한 따로 남겨지지 않았다.

적 행사임에도 불구하고 현재 즉위와 관련된 의궤가 전혀 남아 있지 않고,
실제 즉위식도 간략히 진행된 것은 바로 전 왕의 장례가 한창 진행되는 와중
에 즉위하기 때문이었다. 전 왕의 죽음에 대한 애도 속에서 이처럼 다음 시
대 왕의 즉위가 있고, 그와 관련하여 긴박한 정치적 이해관계가 진행된다는
것이 사실상 왕의 죽음과 관련된 가장 커다란 사건일 것이다.

"임금님의 혼이여 돌아오소서": 국장의 절차

유교는 명분名分을 중시하므로 항상 대상에 따라 용어가 다르다. 죽었다는 표현도 『예기』에 의하면 천자는 붕崩, 제후는 훙薨, 대부大夫는 졸卒, 사士는 불록不祿, 서민은 사死라고 규정했다. 조선의 왕은 제후에 해당하므로 '훙'이란 표현을 사용하게 되는데, 실록에서는 통상 "상上이 승하昇遐했다"라고 표현되어 있다. 장례에 대한 용어도 달랐다. 국왕과 왕비의 장례는 국장國葬, 세자와 세자빈의 장례는 예장禮葬, 황제의 장례는 어장御葬이라고 했다.

왕이 사망하면 장례를 총괄하는 국장도감, 시신을 안치하는 빈전과 염습 등 관련 사무를 관장하는 빈전도감, 무덤을 조성하는 산릉도감이 설치되어 각각 업무를 나누어 담당했다. 국장이 끝나면 도감마다 의궤를 작성했다. 현재 남아 있는 의궤를 참고하면서, 다양한 의례에 담긴 의미를 중심으로 국장 절차를 살펴보기로 한다.

먼저 국왕이 사망하면 내시가 국왕이 평소 입던 옷을 가지고 궁궐 지붕에 올라가 세 번 "상위복上位復"이라 외친다. 유교에서 살아 있다는 것은 혼이 몸속에 함께 있는 상태를 말하며, 몸에서 혼이 떠나는 것을 '죽음'이라고 했다. 죽은 자에서 떠난 혼은 죽은 자의 혼들이 모여 있는 북쪽으로 간다. 전깃불이 발달하지 않았던 시절에는 죽은 자에서 혼이 떠나는 모습이 보였다고 한다. 그것을 최명희의 소설 제목으로도 유명한 '혼불'이라고 한다. '상위복'이라고 하는 것은 '임금님의 혼이여 돌아오소서'라는 뜻이다. 죽은 자가 평소 입던 옷을 흔드는 것은 자신의 채취가 밴 옷을 보고 다시 돌아오라는 의미가 담겨 있다. 왕비의 경우는 '중궁복中宮復'이라고 소리쳤다. 이 풍속은 일반에서도 있었는데, 통칭 가는 혼을 부른다는 의미에서 '초혼招魂'

이라고 한다. 김소월의 시 '초혼' 은 그야말로 혼을 부르는 심정으로 그리운 이를 노래한 것이다.

유교의 예법에서 떠난 혼이 다시 돌아오기를 기다리는 기간은 역시 대상에 따라 달라서, 천자는 7일, 제후는 5일, 일반인은 3일이었다. 조선시대 왕은 제후에 해당했으므로, 5일을 기다린 후 왕이 되살아나지 않으면 입관을 하고 세자의 즉위식을 거행했다.

혼이 돌아오기를 기다리는 닷새간은 한편으론 장례를 준비하는 기간이었다. 왕의 시신을 목욕시키고 의복을 갈아입히는 습襲, 옷과 이불로 시체를 감싸는 소렴小殮과 대렴大殮이 진행되었다. 대렴이 끝나면 시신을 관에 넣었는데, 국왕의 관을 재궁梓宮이라고 했다. 일반인의 상례 때에는 빈소에 관을 그대로 두지만, 국장에서는 찬궁欑宮이라는 큰 상자를 만들어 그곳에 재궁을 모셨다.

입관 후에는 상복을 입게 되는데, 그것을 성복成服이라고 한다. 상복은 확실히 사망했다고 본 시점에서 입는 것이므로, 입관 후에 이루어지는 것이다. 따라서 새 국왕의 즉위식은 상복을 입은 상태에서 거행되었고, 자연히 전왕에 대한 추모로 슬픔이 큰 자리이기도 했다.

입관 후 왕은 유교 예법에 따라 5개월 만에 국장을 치렀다. 이 기간 동안 시신을 모시는 곳을 빈전殯殿이

『정조건릉산릉도감의궤』에 나오는 찬궁도.

고종황제 빈전 모습. 고종은 1919년 정월에 승하하였다. 이 사진은 1919년 3월 경성일보사에서 발행한 『덕수궁 국장화첩』과 이 책을 재편집하여 1980년 10월에 화신출판사에서 출간한 『대한제국 고종황제 국장화첩』에 실려 있는 것이다.

라고 하는데, 일반인들의 빈소와 같은 의미다. 국장 기간 동안 후계왕은 빈전 옆의 여막에 거처하면서 수시로 찾아와 곡을 함으로써 어버이를 잃은 자식의 슬픔을 다했다.

국장 기간이 긴 것은 왕릉 조성에 시간이 필요하기 때문이기도 했다. 왕릉 공사는 5000명이 넘는 인원이 동원되는 대규모 공사로, 모든 과정을 산릉도감에서 담당했다. 왕릉 조성이 이루어지면, 빈전에서 발인이 시작되어 왕의 관이 궁궐을 떠나고 노제路祭를 거쳐 장지에 이른다.

만 명이 뒤따른 국장 행렬

왕의 시신이 빈전을 떠나 장지에 이르는 길은 백성들의 커다란 슬픔 속에서 진행되지만, 그 국장 행렬 자체는 그야말로 장관이라고 할 수 있다. 죽음에 대한 엄숙함과 왕의 권위가 어우러진 성대한 의식이었다. 이 과정은 『국장도감의궤』 반차도에 잘 나타나 있다.

　1800년에 있었던 정조의 국장 행렬을 그린 반차도에는 총 40면에 1440명의 인원이 그려져 있다. 뒤에 1897년의 명성왕후 국장 반차도에는 총 78면에 2035명의 인원이 동원된 것으로 그려져 있다. 고종이 황제로 즉위한 이후의 황실 행사였으므로 그 규모가 더욱 커졌던 것이다. 그러나 이것은 그림 속에 나온 인원만이고, 통상 국장 행렬에는 군인, 상여꾼, 왕과 신

고종의 빈전인 함령전 앞에 세운 여막.

『정조국장도감의궤』 반차도의 앞부분. 맨 앞에 경기감사라고 쓰여 있다.

료 등 근 1만 명의 대인원이 참여했다. 무엇보다 엄숙하고 장중하게 치러야
하는 행사였기에, 수많은 참가자는 미리 반차도를 통해 도상 연습을 하고
행렬 속에서 자신의 위치를 숙지했다.

참고로 정조의 국장 행렬을 보면 맨 앞에 경기감사가 행렬을 인도하고
있다. 장지가 화성이었으므로, 이 지역을 관장하는 경기감사가 선도에 선
것이다. 그 뒤로 국장을 집행하는 기관의 고위 책임자들이 상복을 입고 따
르고 있으며, 그 뒤로는 군인 400명이 정복에 소총을 휴대하여 뒤따르고 있
다. 계속하여 다양한 깃발, 악대, 제기, 의장물, 각종 책, 도장, 가마 등이 뒤
따른다. 이 부분에서 눈에 띄는 것은 4인의 방상시方相氏인데, 이들은 악귀
를 쫓는 역할을 했다. 고종황제 국장 행렬 시 실제 사용했던 방상시 사진이
있는데, 머리에 곰의 가죽을 뒤집어쓰고 네 개의 번쩍이는 황금 눈이 있는
방상시 탈을 쓴 사람을 수레에 태워 창과 방패를 휘둘러 귀신들을 몰아내는

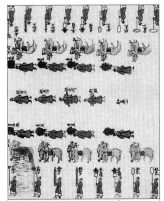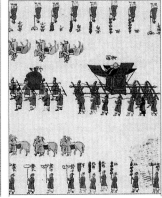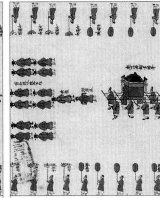

그 뒤로 앞쪽에 국장을 집행하는 고위 책임자들이 따르고 있다.

역할을 했다.

　행렬 중심부에는 국왕의 이름을 밝힌 명정을 앞세우고, 대여大轝가 지
나간다. 대여는 국왕의 시신이 있는 가마이므로 규모가 크며 행렬의 가장
중심이 된다. 대여의 양 옆에는 6개의 삽이 호위하고, 그 옆에 24명의 군사
가 등불을 밝히고 그 바깥에는 호위 군사들이 둘러싸고 있다. 삽이란 일종
의 나무 부채로, 관의 좌우에 세워 해를 가리거나 먼지가 끼는 것을 방지하
는 데에 사용했다. 삽은 흰 천에 수놓은 문양에 따라 이름을 달리했다. 궁자
모양이 서로 등을 대고 있는 문양은 불삽, 도끼 문양은 보삽, 구름 문양은 운
삽 혹은 화삽이라고 했다. 유교 예법에서 국장 행렬에 사용하는 삽의 종류
는 천자는 8개, 제후는 6개를 사용했다. 제후국이었던 조선의 왕은 불삽, 보
삽, 화삽 각 2개씩 총 6개를 사용했다.

　행렬의 후반부에는 각급 관리, 궁녀, 군인 등이 뒤따랐다. 곡을 담당한

궁녀는 모두 베일을 쓰고 얼굴을 가렸으며, 이들의 바깥에는 다시 휘장을 둘러 도로변에서 볼 수 없도록 했다.

'잉孕'과 '강岡'을 중시한 왕릉

왕릉의 입지는 배산임수背山臨水와 사신사四神砂를 기본으로 하는 일반적인 풍수의 명당 선정과 동일했다. 사신사란 무덤을 뒤에서 보호해주는 현무(주산), 앞에서 보호해주는 주작(안산), 왼쪽에서 보호해주는 청룡, 오른쪽에서 보호해 주는 백호라는 네 개의 산을 말한다.

그런데 조선 왕릉은 이러한 조건 외에 특히 '잉孕'과 '강岡'을 중시했다. 뒷산의 주맥이 내려와 뭉친 무덤 바로 뒤에서 맺혀 볼록한 지형을 입수

고종황제 국장 때의 방상시.

화삽

불삽

고종황제 국장 시 동대문을 지나는 대여와 삽 사진이다. 불삽과 화삽이 잘 나타나 있다.

入首 혹은 잉이라고 한다. 또한 앞산의 영향으로 무덤 바로 앞이 둥글게 맺힌 것을 전순前脣 혹은 강이라고 한다. 조선 왕릉은 비교적 높지 않은 산자락에 위치하되, 특히 잉과 강이 발달한 곳을 선택했다. 그 결과 어느 곳에 위치한 조선 왕릉이라도 상대적으로 그 규모가 더욱 우람해 보인다. 이러한 왕릉의 입지에 또 하나의 조건이 있었다. 왕릉은 살아생전 남면南面하던 왕의 지위에 맞게 원칙적으로 남향으로 축조되었으며, 그에 따라 위의 조건에 맞는 곳이라도 남향이어야 했다.

조선 왕릉의 공간 구성은 죽은 자와 산 자가 만나는 공간인 정자각을 중심으로 세 단계의 공간으로 나눌 수 있다. 재실 등이 있는 곳은 죽은 자가 묻혀 있는 곳으로 들어가는 진입 공간이다. 이 진입 공간의 끝에는 금천교

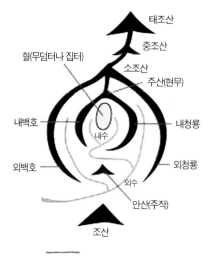

풍수의 사신사四神砂의 기본 개념도

가 있다. 돌다리인 금천교를 지나면 신성한 구역임을 표시하는 붉은색의 커다란 문이 있는데, 이 문을 홍살문이라고 한다.

홍살문을 지나 제사를 지내는 정자각과 제사 음식을 준비하는 수라간, 왕릉을 지키는 사람들이 기거하는 수복방이 배치된 곳은 제향 공간이다. 이 제향 공간에서 언덕(잉) 위의 봉분을 중심으로, 곡장과 석물이 조성된 공간은 죽은 자가 안치된 능침 공간이다.

능침 공간의 조성은 봉분을 중심으로 다양한 석물石物이 배치되었다. 먼저 봉분을 둘러싸고 곡장을 둘렀으며, 앞쪽으로는 얕은 계단을 만들어, 층마다 다른 석물들을 세웠다. 가장 낮은 층에는 무인석과 석마石馬를 두었으며, 그 위에는 문인석과 석마 그리고 불을 켜는 장명등을 두었다. 맨 위층에는 석상과 망주석을 설치했다. 왕릉의 석상은 일반 묘에서 제사 음식을 차리는 상석과는 달리 혼유석魂遊石이라고 한다. 왕릉에서는 제사음식은 정자각에 차렸으며, 봉분 앞의 혼유석은 몸을 찾아온 혼이 노니는 곳이라는 뜻이다. 혼유석 좌우의 망주석은 몸을 찾아오는 혼이 멀리에서도 왕릉을 알아볼 수 있도록 높직이 세운 돌기둥이다.

곡장 안 북쪽에 두 개의 석호石虎를 세웠는데, 곡장 쪽을 바라보고 서있는 이 돌호랑이는 북쪽에서 각종 잡귀들을 막는 역할을 했다. 동쪽과 서쪽에는 각각 석양石羊 둘을 세우고 그 사이에 석호石虎 하나를 배치했다.

둥근 봉분도 병풍석·난간석이 있고, 봉분 안에 시신을 안치한 석실(현궁)이 조성되어 있었다. 이러한 왕릉 공간의 다양한 구성물은 기본적으로 『국조오례의』의 규정대로 만들어졌다. 따라서 조선 왕릉은 언뜻 보면 마치 기계로 찍어낸 듯 비슷해 보인다. 그러나 다시 자세히 살펴보면 석물의 구성뿐 아니라 모양에 있어서도 모두 차이가 있어, 각 왕릉에는 시대적 흐름이 담겨 있다.

특히 세조는 자신의 왕릉 조성 시에 석실 대신 회격실로 할 것과 무덤을 보호하는 병풍석을 사용하지 말 것을 생전에 지시했고, 부부합장묘 대신 각각 따로 조성하는 것을 선호했다. 흔히 이러한 조치는 능제의

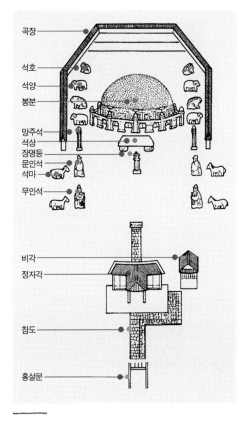

왕릉 배치도

간소화 정책으로 표현되고 있으나, 그 속에 담긴 실제 뜻은 풍수사상의 신봉에 있었다고 해석할 수 있다. 즉 시신이 명당 터의 기운을 직접 받고자 석실을 만들지 않았으며, 병풍석으로 봉분에 하중을 주면 물이 찰 수 있기 때문에 이것을 방지하고자 했고, 왕과 왕비 묘를 따로 조성함으로써 양쪽에서 풍수 기운을 받고자 했다고 해석할 수도 있을 것이다.

왕릉의 조성은 엄청난 규모였을 뿐 아니라 많은 석물이 동원됨으로써

세조왕릉(광릉)

엄청난 인력이 투입되는 거대한 공사였다. 드디어 국장 행렬이 장지인 왕릉에 도착하면 관을 정자각에 모시고, 찬궁에서 관(재궁)을 꺼내어 하관했다. 그런데 왕릉은 봉분의 규모가 커서 일반 묘의 하관과는 달랐다. 재궁을 석실에 안치할 때에는 윤여輪輿라고 하여 둥그런 나무들이 회전하도록 만든 수레바퀴를 이용해 옆으로 들여놓았다.

모든 왕릉 절차가 끝나면 혼을 위로하는 우제虞祭를 지내고, 가신주假神主를 모시고 궁궐로 돌아와 혼전魂殿에 두었다. 혼전에서 삼년상을 지낸 후, 혼전에 모신 가신주를 꺼내어 종묘 터에 묻고 새 신주를 만들어 종묘에 모셨는데 이를 부묘祔廟라 한다. 이렇게 되면 비로소 국장이 완결된 것이다.

돌아가신 부모를 3년 동안 추모하는 것은 일반이나 왕실이나 같다. 3년상이라고 해도 부모가 돌아가신 지 3년째 되는 날까지 상을 치르는 것으로, 만으로 따지면 2년이다. 그런데 3년이 되었다고 하여 바로 탈상하는 것은 아니고 일정 기간의 유예를 두었으므로, 흔히 3년상의 기간은 만 26개월 정도 되었다. 이러한 3년상은 인간이 태어나서 3년이 되어야만 부모 품을 떠날 수 있다는 의식에 기초하여, 역시 부모를 추모하는 데에 3년이라는 시간을 바치고자 한 데에서 나온 것이다.

양반들, 목숨 걸고 풍수를 공부하다

지금까지 살펴본 여러 의례와 왕릉 조성의 기본 정신은 왕의 죽음을 성대하면서도 깊은 애도 속에 추모하는 것이다. 그러나 그 과정에서 예법과 관련된 논쟁이 벌어지고 왕릉 입지에 대한 의문이 제기되면서 정치적 논쟁이 끊이지 않았다. 어떤 면에서는 당시 정치 세력들은 바로 이러한 장례와 관련된 예법과 왕릉 선정을 상대 당파에 대한 정치적 공격 수단으로 적극 활용했다고 해도 과언이 아니다.

예법과 관련된 가장 유명한 사건은 비록 왕은 아니었지만, 16대 국왕 인조의 계비였던 조대비趙大妃(1624~1688)의 복제服制 문제였다. 그녀가 아들인 효종, 며느리인 인선왕후, 손자인 현종의 상례 때 입을 상복을 두고 몇 차례의 대정변이 일어났기 때문이다.

유교적 상례에 있어 친족들이 망자亡者를 위해 입는 상복에는 다섯 가지 종류가 있었다. 이를 오복제五服制라고 하며, 참최 · 자최 · 대공 · 소공 · 시마로 나뉘어 상복을 입는 기간과 방식에 전부 차이가 있었다. 조대비의 상복이 처음 문제가 된 것은 조선 왕조 의례의 전범이라고 할『국조오례의』에 국왕의 상에 모후가 입을 상복을 규정해놓지 않았기 때문이다. 조대비가 어떤 종류의 상복을 입을 것인가 하는 예법의 문제는 처음에는 유교 예학의 학술 논쟁처럼 전개됐으나, 점차 당파적 이해관계를 둘러싸고 정치 논쟁으로 비화되었다. 그 결과 이 논쟁은 1659년 제1차 예송(기해예송), 1674

년 제2차 예송(갑인예송), 그리고 1675년 을묘예론까지 3번의 커다란 정변을 야기했고 온 조정이 몇십 년씩 분열되었다.

예법과 관련된 논쟁보다 더욱 정치적이고 지속적인 문제를 야기한 것이 왕릉 입지와 관련된 것이었다. 한 가지 사례만 들어보자. 중종 때 이조판서를 지낸 김안로는 중종의 딸인 효혜공주를 며느리로 맞아들이자 권력을 남용하고 다녔고, 그러한 행동이 문제를 일으키자 탄핵을 받고 유배되었다. 그러나 얼마 후 유배에서 풀려난 후 정적을 공격하고자 했다. 이리저리 골몰하던 김안로는 자기를 유배시킨 자들이 바로 22년 전 중종의 계비인 장경왕후릉인 희릉의 책임자였다는 것을 알았다. 김안로는 중종 32년에 희릉 속에 큰 돌이 깔려 있어 흉지라는 발언을 하며, 이를 천장遷葬(묘를 옮기는 것)시켜야 한다고 상소했다.

상황이 이렇게 되면 이제 풍수 논쟁이 전개된다. 얼핏 보면 풍수서와 풍수가가 동원되는 학술 논쟁의 형태를 띠지만 결국은 정치 논쟁으로 비화되는 것이고, 힘 있는 자가 이기게 되어 있다. 김안로가 제기한 이 사건도 끈질긴 풍수 논쟁이 전개되다가 마침내 천장으로 결정되었다. 그렇게 되어 당시 희릉을 담당했던 관리들은 대역 죄인이 되어 자손들까지 옥에 갇히는 변고를 당할 수밖에 없었다. 죽은 자의 무덤 하나가 생사람까지도 잡을 수 있는 절체절명의 정치적 이슈가 바로 왕릉의 입지였다. 그러므로 양반들은 풍수 공부를 목숨 걸고 할 수밖에 없었다. 조선 왕조 500년 동안의 풍수 논쟁은 실록에 중요하게 나온 것만도 100여 건에 이른다. 평균 5년에 한 번꼴이니, 풍수가 조선시대 사대부의 필수 교양과목이 된 것은 이러한 정치적 이유가 있었다.

흔히 최고의 풍수가가 동원된 조선 왕릉이 어떻게 전부 명당이 아닐 수 있는가라며 의문을 제기하는 경우가 많다. 그러나 위의 일화에서 보듯이, 실제 왕릉의 입지 및 천장은 대단히 정치적인 측면에서 결정된 것이 많았다. 또한 왕릉으로 선정되면 주변 10리 정도는 모두 비워야 했으며, 이는 사대부의 선산도 예외가 아니었다. 따라서 양반들은 가능하면 왕릉을 이왕 쓴 곳 옆에 다시 잡고자 했다. 동구릉, 서오릉, 서삼릉 등 여러 왕릉이 함께 모여 있는 것은 그러한 이유 때문이었고, 그 결과 입지 조건이 떨어지는 왕릉도 많이 나오게 된 것이다.

이처럼 왕의 장례와 왕릉 조성이라는 전왕에 대한 지극한 의례의 이면에는 불꽃 튀는 정치사적 논쟁이 개입되어 있다. 더욱이 세자가 정해지지 않은 상황이라면, 여기에 더해 누구를 새 왕으로 할 것인지를 둘러싸고 엄청난 궁중 암투가 전개된다. 그것은 왕의 죽음에 수반된 새 왕의 즉위가 너무나 커다란 정치적 변동이기 때문이며, 새 왕의 즉위를 계기로 정치 주도 세력의 변화를 모색할 소재가 장례 예법이나 왕릉입지에서 얼마든지 있기 때문이었다.

왕은 죽어서
종묘로 간다

◉

조선 왕실의 사당, 종묘의 모든 것

이현진 · 규장각한국학연구원 선임연구원

종묘의 유래와 변천

전통시대 종묘宗廟는 유교 문화가 고스란히 농축된 곳이었다. '효'와 '충', '예'와 '악'을 강조하는 유교 문화권에서 이를 가장 잘 보여주는 곳이 바로 종묘였다. 이러한 이유로 전통시대에 '국가'를 지칭하는 대명사로 종묘와 사직社稷이란 용어를 사용했다. 그런 만큼 종묘에서 지내는 제사 역시 제사의 등급 가운데 가장 높은 대사大祀에 편재시켜 매우 중요시했다.

　　종묘는 역대 국왕과 왕비의 신위神位를 봉안하고 제사를 지내는 왕실의 사당으로, 태묘太廟라고도 한다. 태묘의 어원은 주周나라가 주공周公을 노魯나라에 봉封하면서 태묘가 노나라 주공의 묘廟를 뜻하게 된 데서 유래했고, 이후 종묘와 같은 의미로 쓰이게 되었다.

　　왕실의 사당은 조선전기에는 두 개 있었다. 하나는 왕위에 즉위했던 국왕을 중심으로 왕실의 정통적 승계를 대표하는 종묘였고, 다른 하나는 왕실의 혈연을 강조한 사당으로 왕실의 가묘적 성격을 띤 문소전文昭殿이었다.

그 때문에 종묘는 성격 면에서 왕실 사당이라기보다는 국가 사당이었다. 그 뒤 임진왜란으로 두 사당이 모두 불탔는데, 종묘는 중건했지만 문소전은 복건하지 않아 역사에서 사라지고 말았다.

조선의 종묘는 『예기禮記』에 '제후는 오묘五廟를 세운다'

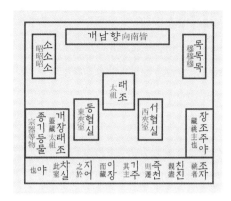

종묘의 동당동실 소목 구조

라는 규정과 『주례周禮』에 '오른쪽에 사직, 왼쪽에 종묘를 세운다' 라는 규정에 따라 지었다. 전자는 조선과 같은 제후국은 나라를 건국한 태조와 현 국왕의 4대조까지 다섯 임금을 종묘에 봉안할 수 있다는 뜻이고, 후자는 법궁法宮인 경복궁을 중심으로 왼쪽에 종묘를 건립한다는 의미였다.

종묘의 정전正殿은 후한대부터 시작된 동당이실同堂異室 서상西上의 구조를 따라 지었다. 원래 종묘는 각각의 실室에 신위를 하나씩 봉안하는 동당동실同堂同室 소목昭穆의 구조였다가 후한 명제明帝부터 달라졌다. 동당이실은 하나의 묘廟에 실室만 달리하여 각각의 신위를 봉안한 것이며, 서상은 서쪽 끝에 제일 높은 신위를 두고 왼쪽[동쪽]으로 차례로 신위를 봉안하는 것을 말한다. 조선의 종묘는 동당이실 서상의 구조에 맞춰 건립했다. 정전은 대실 7칸과 좌우 양쪽에 협실夾室(익실翼室이라고도 한다) 2칸이 딸린 구조였다. 그 7칸 중 5칸이 석실石室이었는데 5묘 제도에 따른 것이었다. 신주는 원래 석실에 봉안했기 때문이다. 신주를 석실에 봉안하는 것을 종석宗祏이라 일컬었다.

태조대 종묘를 처음 건립했을 때 종묘 내 담장 안에는 종묘 정전과 공신당功臣堂, 신문神門, 동문東門, 서문西門이 있었다. 담장 밖에는 신주神廚 7칸, 향관청享官廳 5칸, 좌우 행랑 각각 5칸, 남쪽 행랑 9칸, 재궁齋宮 5칸이 있었다.

태종대에 이르러 제사하는 날 비와 눈을 피하기 위해 좌우에 동東 · 서상西廂을 덧붙였는데, 이것이 바로 동서 월랑月廊이었다. 임금과 향관은 동쪽에, 악관樂官은 서쪽에, 여러 집사관執事官은 묘실廟室의 영楹 밖에 있으면서 비와 눈을 피해 용의容儀를 잃지 않기 위함이었다. 월랑을 짓는 것은 본래 종묘 제도가 아니었기에 명나라 사신이 보게 될까 걱정하기도 했지만 태종이 대수롭게 여기지 않아 추진할 수 있었다.

한편 혈연적으로 형제인 국왕들을 종묘 정전에 봉안할 때에는 1세世로 헤아렸다. 그리하여 석실 5칸만으로 부족해 나머지 2칸까지 모두 신주를 봉안하는 곳으로 활용했다. 또한 친진親盡이 된 국왕은 후대의 국왕과 신하들이 공덕을 평가해 종묘 정전에 계속 봉안할지의 여부를 결정했다. 만약 영원히 봉안하고자 할 경우 그 신주는 불천지주不遷之主가 되었다. 불천지주를 봉안한 신실神室을 '세실世室'이라고 하는데, 즉 대대로 그 실에 신주를 봉

종묘 정전

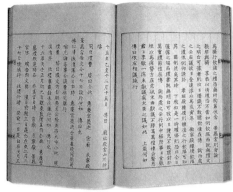

『종묘의궤』, 규장각 소장. 숙종·영조대에 작성된 의궤를 순조 16년(1816)에 수정·보완한 것이다.

안한다는 뜻이다. 세실로 정해지면 5묘의 대수代數에서 제외되었다. 대수와 무관한 세실이 증가되면서 종묘 정전을 확장할 수밖에 없었고, 건물의 형태가 가로로 좀더 길어지는 구조가 되었다.

이후 명종대 4칸을 더 증축해 종묘 정전은 11칸이 되었다. 임진왜란으로 종묘가 불타 중건을 하는데 정전은 예전 그대로 11칸으로 중건했다. 중건한 모습은 숙종대 편찬된 『종묘의궤』에서 볼 수 있다. 그 뒤 영조대에 4칸 더 증수하여 15칸이 되었다가 헌종대 4칸 더 증축하여 오늘날과 같이 19칸이 되었다.

조선시대에 종묘를 증축하는 것은 굉장히 중요한 사안이었다. 먼저 종묘는 항상 고요함을 숭상하는 곳이라 하여 수리를 한다든가 증축하는 문제에 몹시 신중을 기했다. 둘째, 물자를 조달하기가 쉽지 않았다. 영조대 정전 증축 논의에서는 황장목黃腸木이 거론되었는데 이를 구하는 일이 쉽지 않아 결국 소나무로 바뀌고 말았다. 해송을 많이 사용하기도 했는데 그런

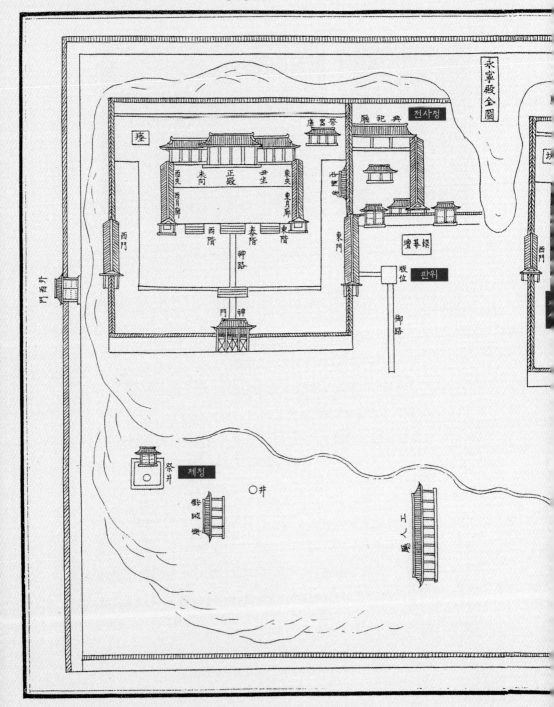

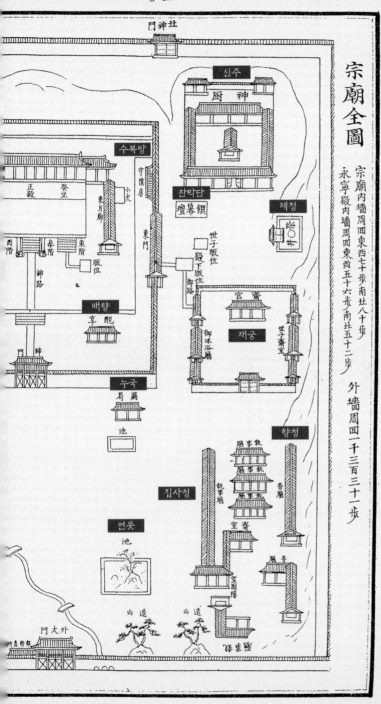

宗廟全圖

宗廟內墻周回東西七十步南北八十步
永寧殿內墻周回東西五十六步南北五十二步
外墻周回一千三百三十一步

종묘의궤에 나와 있는
중건된 정전과 영녕전의 구조.
두 건물의 구조가 흡사해서
양쪽에 같은 이름의 건물이 있다.

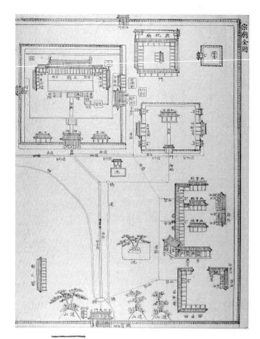

영조 17년에 그려진 종묘 전체의 모습.

소나무는 당시 벌목이 금지되어 있었다. 셋째, 이것이 신중을 기한 가장 커다란 이유이기도 했는데, 서쪽에 영녕전이 있어 동쪽으로만 증축이 가능했다는 사실이다. 그럴 경우 동쪽 담장을 물리쳐야 하는데, 그렇게 되면 동쪽 담장 밖에 있는 모든 부속 건물들도 옮겨야 하는 불편함이 있었다. 이처럼 여러 가지 이유로 확장 문제는 수차례 논의를 거쳐야만 했다.

왼쪽 그림은 영조 17년(1741) 종묘 전체의 모습을 그린 전도다. 이를 보면 전형적인 배산임수의 구조임을 알 수 있다. 전도에는 드러나지 않지만 종묘 뒤에 응봉산이 있었고 그 앞에 있는 도랑[渠]이 이를 말해준다.

시대가 변화함에 따라 이렇듯 종묘 정전의 모습은 달라져갔다. 그 외에 부속 건물도 바뀌었는데, 현재는 향대청과 망묘루 등 달랑 몇 채만 남아 있을 뿐이다. 종묘는 이후 고종대 대한제국으로 국체가 변모되면서 건물의 구조적인 변화를 제하고는 모든 체제나 전례가 황제국 제도로 격상되었다. 오묘가 아닌 칠묘로 변화되면서 태조를 포함해 현 국왕의 6대조까지 일곱 임금을 봉안할 수 있었다.

현재 종묘 정전에 봉안되어 있는 신위를 보면 〈표 1〉과 같다.

<표1> 종묘 정전의 신위

실室	1	2	3	4	5	6	7	8	9	10	11	12	13	14	15	16	17	18	19
신주	태조	태종	세종	세조	성종	중종	선조	인조	효종	현종	숙종	영조	정조	순조	문조	헌종	철종	고종	순종
소목	태조+불천지주													1소	1목	2소	2목	3소	3목
칠묘	태조+불천지주													1세	1세	1세	1세	1세	1세

영녕전의 건립과 운영

영녕전永寧殿은 종묘 정전에서 4대가 지나 친진이 된 신주를 옮겨와 봉안하는 사당이다. '영녕'이라는 전호는 조종과 자손이 함께 편안하다는 뜻으로 태종이 지었으며, 세종대에 태조의 추존 4대조만을 봉안하기 위해 건립되었다. 추존 4대조는 목조穆祖 · 익조翼祖 · 도조度祖 · 환조桓祖다. 이 때문에 정전이 4칸이었다.

영녕전은 중국 송나라 때 송 태조의 추존 4대조[희조 · 순조 · 익조 · 선조]를 봉안한 사조전四祖殿을 모델로 삼아 건립된 것이다. 송나라의 태묘는 애초 친진親盡(제사 지내는 대代의 수가 다 됨)에 이른 신주를 종묘의 서쪽 협실에 봉안했다. 그러다가 남송대에 이르러 비로소 추존 4조만을 위한 공간인 사조전을 마련했다. 그런 점에서 종묘 정전에 봉안된 추존 4대조가 친진에 이르자 이들만을 봉안하기 위해 별묘別廟인 영녕전을 건립한 것과 다른 점이었다.

그 뒤 연산군대에 이르러 조선의 2대 · 3대 국왕이었던 정종과 태종이 태조 이하 임금 가운데 처음으로 친진에 다다랐다. 그러자 신하들이 두

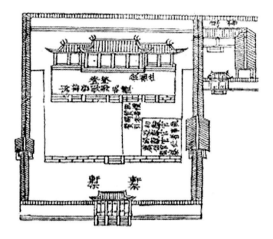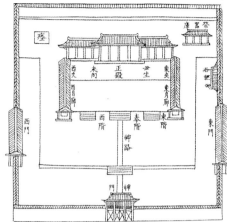

『국조오례서례』에 나타난 영녕전 최초의 모습(왼쪽)과 현종대에 증수한 모습.

신주를 어떻게 처리해야 할지를 두고 논의했고, 그 결과 태종은 세실로 정해지고 정종의 신주는 영녕전의 동협실로 옮겨 봉안되었다. 영녕전의 좌우 협실 신위 봉안 순서는 먼저 동협실(좌익실)에 봉안되었다가 실이 다 차면 서협실(우익실)로 옮기는 방식이었다. 처음부터 서협실에 봉안한 것이 결코 아니었다.

영녕전은 이로써 정전만이 아니라 협실에도 비로소 신주를 봉안하게 되었다. 세월이 흐르면서 후손들 입장에서 공덕이 부족하다고 판단한 임금들이 점차 증가했다. 이로 인해 불가피하게 좌우 협실을 증축했고 종묘 정전보다 긴 날개를 갖게 되었다.

영녕전 최초의 모습은 성종대 편찬된 『국조오례서례』에 잘 나타나 있다. 영녕전은 건물 구조 면에서 좌우 협실이 항상 문제가 되었다. 세종대에 건립을 처음 논할 때에는 좌우 협실 각 1칸으로 결정했다. 하지만 성종대에 그려진 그림을 보면 좌우 협실 각 2칸이었다. 이에 대해 중간에 변화된 과정을 설명해주는 문헌이 없어 아쉬움이 남는다.

이후 임진왜란으로 종묘 정전이 불타면서 영녕전도 함께 소실되었다. 종묘는 명종대 증축한 모습 그대로 중건했지만 영녕전은 좌우 협실 각 3칸으로 기존 2칸에서 1칸 더 증축했다. 이후 현종대 좌우 협실을 1칸 더 증수하여 정전 4칸, 좌우 협실 각 4칸이 되었다. 다시 헌종대에 2칸을 더 증축해 현재 남아 있는 것처럼 좌우 협실 각 6칸이 되었다.

현재 영녕전의 부속 건물인 전사청典祀廳〔일명 신주神廚〕은 건물은 없고 주춧돌만 남아 있다. 대한제국으로 국체가 변모되어 황제국으로 격상되면서 그에 걸맞게 편찬된 『대한예전大韓禮典』에는 전사청이 그려져 있다. 6 · 25 전쟁 때문인지 아니면 다른 이유 때문인지 그것이 없어진 연유는 현재로서 알기가 어렵다. 또한 현종대에 증수한 구조를 보면 동협실의 뒤에 있는 제기祭器를 보관하는 제기고도 현재 남아 있지 않다.

지금 영녕전의 정전과 좌우 협실에 봉안되어 있는 신위를 보면 〈표 2〉와 같다.

〈표 2〉 영녕전 정전과 좌우 협실의 신위 (점선은 형제 관계)

서협실						정 전				동협실					
5실	6실	7실	8실	9실	10실	1실	2실	3실	4실	11실	12실	13실	14실	15실	16실
정종	문종	단종	덕종	예종	인종	목조	익조	도조	환조	명종	원종	경종	진종	장조	영친왕

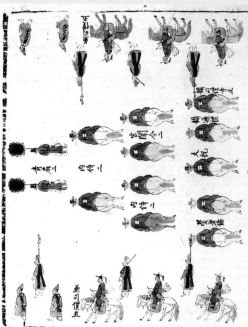

『종묘영녕전증수도감의궤』 중 〈이환안반차도〉, 지본채색, 규장각한국학연구원 소장.
헌종대인 1835~36년 영녕전을 좌·우 각각 2실씩 증수함에 있어 이안移安하고 환안還安하는 과정을 그린 것이다.

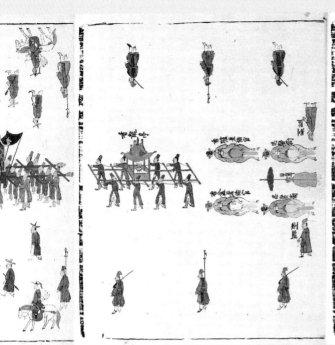

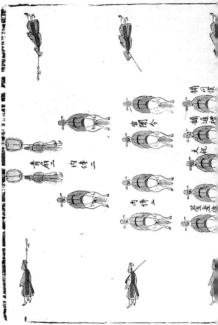

신위를 실은 수레

이상으로 종묘 정전과 영녕전의 영건營建 변화과정을 살펴보았다. 이를 간단하게 정리하면 〈표 3〉과 같다.

〈표 3〉 종묘 정전과 영녕전의 영건 변천

연대	영건 내용	종묘 정전	영녕전
1395년 (태조 4)	창건	정전 7칸 좌우협실 각 2칸	
1421년 (세종 3)	창건		정전 4칸 좌우협실 각 2칸
1546년 (명종 1)	종묘 정전 4칸 증수	정전 11칸 좌우협실 각 2칸	
1608년 (광해군 즉위)	중건 (영녕전 좌우협실 각 1칸 더 늘여 중건)	정전 11칸 좌우협실 각 2칸	정전 4칸 좌우협실 각 3칸
1667년 (현종 8)	영녕전 좌우협실 각 1칸 증수		정전 4칸 좌우협실 각 4칸
1726년 (영조 2)	종묘 정전 4칸 증수	정전 15칸 좌우협실 각 2칸	
1836년(헌종 2)	종묘 정전 4칸 영녕전 좌우협실 각 2칸 증수	정전 19칸 좌우협실 각 2칸	정전 4칸 좌우협실 각 6칸

왕실의 신주

마지막으로 종묘 정전과 영녕전이 사당이므로 그곳에 봉안된 신주를 언급하지 않을 수 없다. 사람이 죽으면 혼은 하늘로 돌아가는데 그러한 신혼神魂이 기대고 의지하는 것이 바로 신주였다. 조선 왕실의 신주는 두 가지가 있었는데, 우주虞主와 연주練主가 그것이다.

우주는 뽕나무로 만들며 장지에서 제주題主하여 연제練祭〔소상제小祥祭〕때까지 혼전魂殿에 봉안된 뒤 묘의 북쪽 계단〔階間〕에 매안되었다. 연주는 밤나무로 만들며 혼전에서 제주하여 담제禫祭를 지나 종묘에 봉안되었다. 연주가 최종 종묘에 봉안된 신주였다. 두 신주의 모양은 차이가 없으며 아래그림과 같다.

한편 두 신주에 쓰는 방식은 달랐다. 특히 연주는 중국의 명나라와 청나라가 존재한 데 따라 달리 썼다. 먼저 우주부터 보면, 우주는 산릉山陵에서 조선의 신하들이 정해 올린 묘호廟號 2글자와 시호 8글자〔상시上諡〕를 썼다〔묘호＋상시＋대왕大王〕. 묘호는 임금이 승하한 뒤 신위를 종묘에 봉안할때 올리는 추존追尊 칭호다. 흔히 조선시대 국왕들을 일컬을 때 칭하는 '태조, 세종, 성종, 고종……' 등을 말한다.

연주는 혼전에서 썼는데 우주에 쓰는 방식 앞에 유명증시有明贈諡＋사시賜諡를 추가한 형태였다. 곧, 유명증시＋사시＋묘호＋상시＋대왕으로 썼

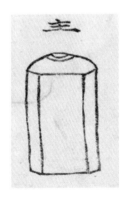

신주(왼쪽과 가운데)와 신주를 봉안했던 감실.

다. 혼전은 국왕이나 왕후가 승하한 지 5개월 만에 산릉에서 장례를 치른 뒤 신주[虞主]를 모시고 돌아와 종묘에 부묘祔廟할 때까지 신주를 봉안하는 곳이다. 사시는 중국에서 조선의 승하한 국왕에게 내려준 시호다.

연주에 쓰는 이 같은 방식은 명나라가 존재했을 때였고, 청나라로 중원의 주인이 교체된 뒤에는 유명증시＋사시를 뺐다. '유명증시'는 더이상 명나라가 존재하지 않아서였고, 사시는 조선의 자존심 때문이었다. 청나라를 오랑캐의 나라로 치부하여 시호를 내려주었지만 조선에서 신주에 반영하지 않았던 것이다.

예) 우주: 태종太宗(묘호)＋성덕신공문무광효聖德神功文武光孝(상시)

＋대왕大王

연주: 명나라—유명증시有明贈諡＋공정恭定(사시)＋태종太宗(묘호)

＋성덕신공문무광효聖德神功文武光孝(상시)＋대왕大王

청나라—인조仁祖(묘호)＋헌문열무명숙순효憲文烈武明肅純孝

(상시)＋대왕大王

공신당의 역할과 운영

궁궐에서 건물명을 붙일 때 '전殿'이라 한 곳도 있고 '당堂'이라 한 곳도 있다. '전'은 건물 가운데 가장 격이 높은 건물의 끝 글자에 붙여졌고, '전'에 비해 한 단계 격이 낮은 건물에 '당'을 붙였다. 종묘 역시 예외가 아니었다. 종묘 정전과 영녕전은 전을 붙였지만 공신당과 칠사당七祀堂은 당을 붙였다. 이는 공신당과 칠사당이 종묘 정전과 영녕전에 비해 격이 한 단계 낮음을 의미했다.

공신당은 일명 '배향당'이라고도 하는데, 공신을 '배향'한다고 하여 그렇게 불렀던 듯하다. 의궤에 그려진 〈종묘전도〉에는 건물 위에 '배향'으로 쓰여 있고 정조대에 편찬된 『춘관통고春官通考』에 비로소 '공신당'으로 쓰고 있다. 그때의 공신은 역대 군왕들이 재위에 있을 때 가장 공이 있다고 평가받은 사람들이었다. 이들은 대개 전쟁이나 반란·반정을 통해 공신이 된 경우였다. 공신이 된 이들은 그들 가문에도 영광이었기에 가묘에서도 불천지주가 되었다.

공신당은 종묘 정전을 기준으로 왼쪽(동쪽)에 위치해 있었다. 건물의 칸수에 대해서는 3칸 혹은 5칸이라 하여 문헌마다 기록이 달랐다. 그 뒤 정조대에 이르러 증축한 기록이 있는데, 그 규모에 대해서는 파악되지 않는다. 다만 정조 2년 5월에 공신당의 신실이 13실이었다는 정도만 확인된다.

공신당의 특징은 그곳에 봉안된 공신의 운명이 그들의 군주와 운명을 같이한다는 것이었다. 봉안된 군주가 불천지주가 되어 세실로 정해지면 그 군주의 묘정에 배향된 공신들은 계속 공신당에 남을 수 있었다. 그렇지 않고 영녕전으로 옮겨 봉안된 군주의 배향 공신들은 공신당에 있었던 신주를 본가의 자손에게 돌려보내 그들의 묘 곁에 묻었다. 종묘 정전과 영녕전을 통해 국왕에 대한 평가를 엿볼 수 있다면 그러한 평가가 공신당에도 그대로 반영되었던 것이다.

역대 국왕별로 선정된 공신을 보면 〈표 4〉와 같다.

국왕	배향공신
태조	조준, 이화(의안대군), 남재(추배), 이제(추배), 이지란, 남은(추배), 조인옥
정종	이방의(익안대군)
태종	하륜, 조영무, 정탁, 이천우, 이래
세종	황희, 최윤덕, 허조, 신개, 이수, 이제(양녕대군, 추배), 이보(효령대군, 추배)
문종	하연
세조	권람, 한확, 한명회(추배)
예종	박원형
성종	신숙주, 정창손, 홍응
중종	박원종, 성희안, 유순정, 정광필
인종	홍언필, 김안국
명종	(윤개), 심연원, 이언적
선조	이준경, 이황, 이이(추배)
인조	이원익, 신흠, 김류, 이귀, 신경진(승배), 이서(승배), 이보(능원대군, 추배)
효종	김상헌, 김집, 송시열(추배), 이요(인평대군, 추배), 민정중(추배), 민유중(추배)
현종	정태화(추배), 김좌명, 김수항(추배), 김만기(추배)
숙종	남구만, 박세채, 윤지완, 최석정, 김석주(추배), 김만중(추배)
경종	이유, 민진후
영조	김창집, 최규서, 민진원, 조문명, 김재로
장조	이종성, 민백상
정조	김종수(복향), 유언호, 김조순(추배)
순조	이시수, 김재찬, 김이교, 조득영, 이구(남연군, 추배), 조만영(추배)
문조	남공철, 김로, 조병구
헌종	이상황, 조인영
철종	이헌구, 이희(익평군), 김수근
고종	박규수, 신응조, 이돈우, 민영환

칠사당과 일곱 신

칠사당은 종묘 정전을 기준으로 오른쪽(서쪽)에 위치해 있었다. 건물의 규모는 별다른 변화 없이 3칸이었던 것으로 보인다. 건립 시기에 대해서는 구체적인 기록이 확인되지 않지만 태종 10~14년 사이에 기록이 나오는 것으로 보아 적어도 태종 14년경에는 건립된 것으로 추정된다. 건물의 명칭은 〈종묘전도〉에는 건물 위에 '칠사'로 써놓았고 『춘관통고』에 비로소 '칠사당'으로 쓰고 있다.

칠사당에는 일곱 신을 봉안하고 있는데 조선시대 국가 전례서에 기록된 일곱 신의 이름과 역할, 제사 지내는 시기를 정리하면 다음과 같다.

1) 사명지신司命之神: 궁중의 낮은 신으로, 삼명三命을 살피며 봄에 제사 지낸다. 삼명이란 첫째 경사스러움을 지키는 수명受命인데 수명이란 나이를 말하고, 둘째 포악함을 꾸짖는 조명遭命인데 조명이란 선을 행하고도 흉한 일을 당하는 것을 말하며, 셋째 살펴 행한다는 수명隨命인데 수명이란 선한 일과 악한 일에 따라서 보응하는 것을 말한다.

2) 사호지신司戶之神: 출입을 주관하는 신으로 봄에 제사 지낸다.

3) 사조지신司竈之神: 음식에 관한 일을 주관하는 신으로 여름에 제사 지낸다.

4) 중류지신中霤之神: 건물 실내[堂室]에 거처하는 것을 주관하는 신으로 6월 토왕에 제사 지낸다.

5) 국문지신國門之神: 출입을 주관하는 신으로 가을에 제사 지낸다.

6) 공려지신公厲之神: 옛날의 제후로서 후사가 없는 사람의 영으로 살

벌을 주관하고 가을에 제사 지낸다.

7) 국행지신國行之神: 도로에 통행하는 것을 주관하는 신으로 겨울에 제사 지낸다.

부속 건물과 기타

종묘 정전과 영녕전, 공신당, 칠사당 이외에 종묘 내부에 있는 부속 건물들과 그 외 여러 가지가 있는데, 간략하게 소개하면 다음과 같다.

- 악공청樂工廳은 종묘 정전의 남서쪽에 위치해 있다. 종묘제례 시 악공들이 악기를 준비하고, 일무원佾舞員들과 함께 대기하던 곳이었다.
- 수복방守僕房은 종묘 정전의 동문 담장에 잇대어 있는 건물로 종묘를 지키는 사람들이 거처했다. 『춘관통고』에는 '소차방小次房', 일제 시기에는 '수복청守僕廳'이라 일컬었다.
- 전사청典祀廳은 '신주神廚'라고 하여 종묘 제사에 사용하는 제수를 준비하는 곳이었다. 『춘관통고』에는 소·양·돼지 등을 잡는 살가殺家와 재살청宰殺廳이 전사청 안에 있었다.
- 찬막단饌幕壇은 수복방의 동쪽에 위치해 있다. 전사청에서 만든 제수를 진설해 놓고 전사관典祀官이 살펴보던 곳이었다.
- 제정祭井은 전사청의 동쪽에 있는데 제사를 지낼 때 사용하는 명수明水와 제수 마련에 소요되는 물을 이곳 제정에서 조달해 사용했다. 지하철 공사로 인해 수맥이 차단되어 현재 물이 나오지 않고 있다.
- 성생판省牲版은 전사청 앞에 위치해 있다. 종묘 대제에 사용할 희생

인 소, 양, 돼지를 판위版位에 놓고 제수에 적합한지를 살펴보던 곳이었다. 모든 희생은 매질하여 손상시켜서는 안 되며, 죽으면 땅에 묻고, 병이 있는 것은 다른 것으로 대체했다.

↝ 재궁齋宮은 제사 지내기 전 국왕이 목욕재계하고 의복을 정제하는 곳이었다. 재계는 신을 만나기 위한 준비 의례로 제사를 올리기 전에 심신을 깨끗이 하고 금기를 범하지 않도록 하는 행위였다. 뜰을 중심으로 북쪽에 어재실御齋室, 서쪽에 어목욕청御沐浴廳, 동쪽에 세자재실이 있었다.

↝ 망묘루望廟樓는 종묘를 살펴보는 관청인 종묘서宗廟署로 종묘를 관리하던 곳이었다. 전도나 금보도식金寶圖式, 어제시, 어진 등을 관리하고 의궤를 보관하기도 했다.

↝ 향대청香大廳은 신을 모시기 위해 사르는 향, 제사의 뜻을 고하는 축문, 신에게 올리는 예물인 폐백〔幣〕 등을 보관하는 곳이었다. 그 서쪽에 제사 일을 맡아보는 사람이 대기하는 집사청이 있었다.

이러한 부속 건물 이외에 연못과 조산造山이 있었다. 조산은『종묘의궤』나『종묘의궤속록』을 보면 외대문外大門을 기준으로 동쪽에 2개, 서쪽에 1개가 있었다. 또한 제사를 지낼 때 각자 걸어가야 할 동선이 있었는데 영조 17년에 편찬된『종묘의궤속록』「종묘전도」에 잘 그려져 있다. 외대문에서 들어와 다리를 건너고 나면 3길이 있었다. 가운데는 신이 다니는 신로神路, 동쪽은 임금이 다니는 어로御路, 서쪽은 세자가 다니는 세자로世子路였다. 신로는 정전 앞 신문神門과 연결되고 어로와 세자로는 재궁으로 연결되어 있었다.

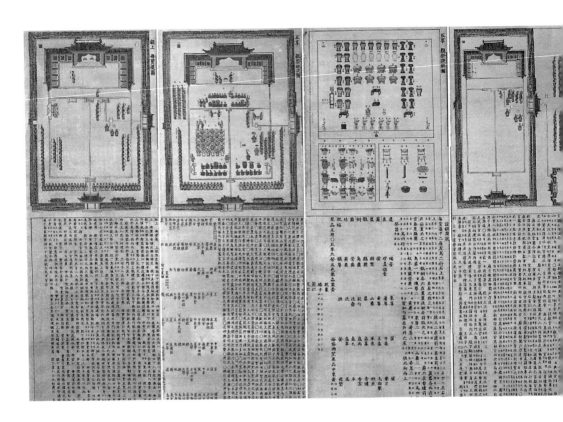

    종묘는 국가 왕실의 정통성의 승계를 대표하는 상징적인 공간이었다.
그런 곳이 일제의 침략으로 국권이 상실되면서 그 여파를 그대로 받았다.
1928년 순종이 승하하고 종묘에 부묘됨으로써 종묘는 생명력을 거의 상실
했다. 종묘에서 지내는 제례 역시 형식적인 의절로 지낼 뿐이었다. 문제는
일본의 종묘 제례의 개입 여부인데 지금까지도 논란이 되고 있다. 일제 때
작성된 문서에 제관祭官의 성명이 일본인의 성명으로 나온다는 사실이 핵심
이었다. 제관의 이름만 보고 일본인으로 생각하기에 무리인 경우도 있고 창

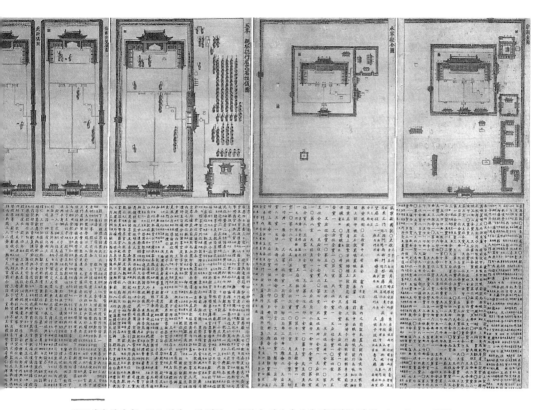

종묘에서 치러지는 중요 행사 그림 병풍, 고종연간, 비단에 채색, 팔폭병풍, 각 폭 141×48.8㎝, 국립고궁박물관 소장. 종묘대제 등 종묘에서 치러지는 행사를 그림으로 그리고 이에 대한 절차를 자세히 풀어썼다. 1·2폭에 종묘와 영녕전에 대한 건물 및 각 실의 내부 설명, 봉안되어 있는 어책·어보 수량이 적혀 있다. 3·4폭에는 제사에 대한 것과 햇곡식과 햇과일을 바치는 천신의薦新儀 등에 대해 자세히 풀어썼다. 5·6폭은 제사 절차 및 상차림에 관한 내용이다. 7폭에는 제사 참석자의 위치와 전체적인 대형을, 8폭에는 왕이 직접 어책과 어보를 올리는 의식인 친상 책보의親上冊寶儀에 대해 설명하고 있다.

씨개명한 사람도 확인되어 현재로서는 좀더 치밀한 조사가 요구된다.

현재 종묘는 종묘라는 건물과 종묘제례 및 종묘제례악이 세계문화유산으로 등재되었다. 종묘 제례는 매년 5월 첫째 주 일요일에 한 차례 지내는 것으로 정례화되었다.

_____참고문헌 및 더 읽어볼 책들

왕은 어떻게 교육을 받았을까

김문식, 「조선의 지도자 교육과 현대의 보편교육」, 전통과현대 1, 전통과현대사, 1997

김문식 외, 『조선의 왕세자 교육』, 김영사, 2003

신명호, 『조선 왕실의 의례와 생활, 궁중 문화』, 돌베개, 2002

육수화, 『조선시대 왕실교육』, 민속원, 2008

왕의 반쪽, 왕비의 탄생

김문식 · 신병주, 『조선왕실 기록문화의 꽃 의궤』, 돌베개, 2005

김용숙, 『조선조 궁중풍속 연구』, 일지사, 1987

신병주, 『66세의 영조, 15세 신부를 맞이하다』, 효형출판, 2001

신병주, 『규장각에서 찾은 조선의 명품들』, 책과함께, 2007

왕은 평소 어떻게 일했는가

김문식, 『정조의 제왕학』, 태학사, 2007

반윤홍, 『조선시대 비변사연구』, 집문당, 2001

신명호, 『조선의 왕』, 가람기획, 1998

이욱, 『조선시대 재난과 국가의례』, 창비, 2009

이재철, 『조선후기 비변사연구』, 집문당, 2001

이현진, 『조선후기 종묘전례연구』, 일지사, 2008

정재훈, 『조선전기 유교 정치차상 연구』, 태학사, 2005

한영우, 『규장각』, 지식산업사, 2008

홍순범, 『우리 궁궐 이야기』, 청년사, 1999

✤ 임금이 시를 짓는 뜻

이종묵, 「藏書閣 소장 列聖御製와 國王文集類」, 장서각 창간호, 1998

이종묵, 「조선시대 王室의 圖書 收藏에 대하여」, 서지학보

이종묵, 「조선시대 어제시의 창작 양상과 그 의미」, 장서각 20집, 2008

✤ 왕의 학문, 제왕학

김문식, 『정조의 제왕학』, 태학사, 2007

정재훈, 『조선전기 유교정치사상 연구』, 태학사, 2005

지두환, 「경연과목의 변천과 진경시대의 성리학」, 『진경시대 1』, 돌베개, 1998

✤ 임금이 사는 집, 궁궐

강제훈, 「조선 세종조의 조회」, 한국사연구 128, 2005

김용숙, 『조선조 궁중풍속연구』, 일지사, 1987

장지연, 「태조대 전각명에 담긴 의미와 사상적 지향」, 한국문화 39, 2007

조재모, 「조선시대 궁궐의 의례운영과 건축형식」, 서울대학교 건축학과 박사학위논문, 2003

✤ "다시는 궁궐에 살지 않게 하소서"

김동욱, 「궁녀가 쓴 가사, 궁녀사」, 문헌과해석 37, 2006

김명길, 『낙선재 주변』, 중앙일보 · 동양방송, 1977

김용숙, 『조선조 궁중풍속 연구』, 일지사, 1987

김용숙, 『한중록 연구』, 정음사, 1987

혜경궁 홍씨, 『한중록』, 정병설 옮김, 문학동네, 2009 간행 예정

✤ 왕의 까다로운 입을 어떻게 맞출 것인가

김 호, 「조선왕실의 약선藥膳 '전약煎藥' 연구」, 진단학보 100, 2005

김 호, 『조선의 명의들』, 살림, 2007

김 호, 「조선의 식치食治 전통과 조선왕실의 식치 음식」, 조선시대사학보 45, 2008

정연식, 『일상으로 본 조선시대 이야기』, 청년사, 2001

주영하, 『그림 속의 음식, 음식 속의 역사』, 사계절, 2005

✤ 먼발치에서 왕을 느끼다, 왕실의 행차

김문식, 「18세기 후반 정조 능행의 의의」, 한국학보 88, 1997

김지영, 「조선후기 국왕 행차에 대한 연구」(서울대학교 박사학위 논문), 2005

———, 「영조대 의례, 행차, 그리고 기억」, 『조선시대문화사(상)』, 일지사, 2007

———, 「조선후기 국왕 행차와 거둥길」, 서울학연구 30, 2008

왕이 공식적으로 술 마시는 날

김종수, 『조선시대 궁중연향과 여악연구』, 민속원, 2003

송방송 · 김종수 외 옮김, 『국역순조기축진찬의궤』, 2007

너무나 정치적인 사건, 왕의 죽음

김두규, 『조선 풍수학인의 생애와 논쟁』, 궁리, 2000

김문식 · 신병주, 『조선 왕실 기록문화의 꽃, 의궤』, 돌베개, 2005

신명호, 『조선 왕실의 의례와 생활, 궁중문화』, 돌베개, 2002

장영훈, 『왕릉이야말로 조선의 산 역사다』, 담디, 2005

『고종과 순종의 국장사진첩』, 민속원, 2008

(*이 장에 들어간 사진 중 고종과 순종의 국장 관련 사진은 모두 『고종과 순종의 국장사진첩』에서
발췌한 것입니다. 사진 게재를 허락해주신 민속원에 감사드립니다.)

왕은 죽어서 종묘로 간다

윤방언, 『朝鮮王朝 宗廟와 祭禮』, 문화재청, 2002

이현진, 『조선후기 종묘 전례 연구』, 일지사, 2008

이현진, 「조선시대 종묘의 神主 · 位版 題式의 변화: 明 · 淸의 교체를 기점으로」, 진단
학보 101, 2006

이현진, 「조선시대 七祀의 성격에 대하여」, 규장각 29, 2006

이현진, 「조선 숙종초 정국 동향과 배향 공신」, 한국학보 119, 2005

도록 자료

고종과 순종의 국장 사진첩, 민속원, 2008

국립고궁박물관 전시안내도록, 2007

조선 성리학 세계, 국립중앙박물관, 2003

조선시대 연회도, 민속원, 2001

조선왕실의 출산문화, 한국학중앙연구원 장석각 편, 이회, 2005

_____ 저자 소개

김기덕_건국대 문화콘텐츠학과 교수. 저서『고려시대 봉작제 연구』
『우리 인문학과 영상』,『영상역사학』,『한국전통문화와 문화콘텐츠』,
『한국전통문화론』외 다수.

김문식_단국대 사학과 교수. 저서『정조의 제왕학』,『조선후기 지식
인의 대외인식』, 공저『조선의 왕세자 교육』,『조선 왕실 기록문화의
꽃, 의궤』외 다수.

김종수_서울대 국악과 강사. 저서『조선시대 궁중연향과 여악연구』,
역서『국역순조기축진찬의궤』외 다수.

김지영_서울대 역사연구소 선임연구원. 논문「조선후기 국왕 행차와
거둥길」외 다수.

김호_경인교대 사회교육과 교수. 저서『허준의 동의보감 연구』,『조선
과학인물열전』, 논문「조선시대의 '學' : 자연과 인간의 총섭總攝」외
다수.

신병주_건국대 사학과 교수.『규장각에서 찾은 조선의 명품들』,『이
지함 평전』, 공저『조선 왕실 기록문화의 꽃, 의궤』, 논문「실록청의궤
의 편찬과 제작 물자에 관한 연구」외 다수.

이종묵_서울대 국문과 교수. 저서『우리 한시를 읽다』,『조선의 문화
공간』, 역서『부휴자담론』외 다수.

이현진_규장각한국학연구원 선임연구원. 저서『조선후기 종묘 전례
연구』, 논문「조선시대 종묘의 神主・位版 題式의 변화-明・淸의 교
체를 기점으로」외 다수.

장지연_경인교대 사회교육과 강사. 공저『고려의 황도 개경』, 논문
「여말선초 천도논의와 한양 및 개경의 도성계획」「태조대 景福宮 殿
閣 名에 담긴 의미와 사상적 지향」외 다수.

정병설_서울대 국문과 교수. 저서『나는 기생이다』,『완월회맹연 연
구』, 역서『한중록』, 논문「조선후기 한글 출판 성행의 매체사적 의미」
외 다수.

정재훈_서울대학교 인문학연구원 HK연구교수. 저서『조선전기 유
교정치사상연구』,『조선시대의 학파와 사상』, 공저『세종의 국가경영』,
『규장각 소장 왕실자료 해제-해설집』1~4 외 다수.

정호훈_규장각한국학연구원 HK연구교수. 저서『조선후기 정치사상
연구』, 공저『다시 실학이란 무엇인가』, 논문「愚潭 丁時翰의 활동과
17세기 후반 南人學界」외 다수.

조선 국왕의 일생

ⓒ 규장각한국학연구원 2009

1판 1쇄   2009년 8월 17일
1판 9쇄   2014년 4월 16일

엮은이   규장각한국학연구원
펴낸이   강성민
기획   문중양 권기석
편집   이은혜 박민수 이두루
편집보조   유지영 곽우정
마케팅   이연실 정현민 지문희
온라인마케팅 김희숙 김상만 한수진 이천희

펴낸곳 (주)글항아리 | 출판등록 2009년 1월 19일 제406-2009-000002호

주소 413-120 경기도 파주시 회동길 210
전자우편 bookpot@hanmail.net
전화번호 031-955-8891(마케팅) 031-955-8898(편집부)
팩스 031-955-2557

ISBN 978-89-93905-05-2 03900

글항아리는 (주)문학동네의 계열사입니다.

이 도서의 국립중앙도서관 출판시도서목록(CIP)은 e-CIP홈페이지(http://www.nl.go.kr/ecip)에서 이용하실 수 있습니다.
(CIP제어번호 : CIP2009002297)

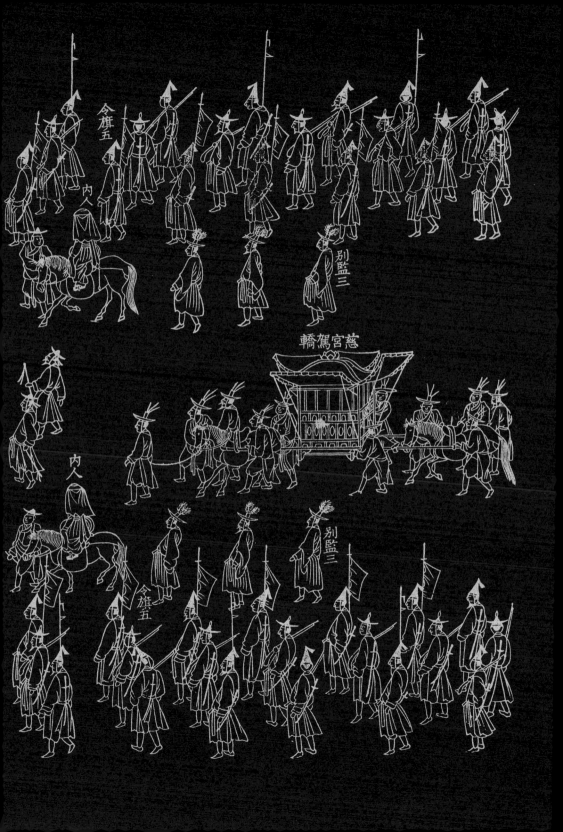